我们不能选择自己的命运，但
可以创造自己的命运。

CIAJ ROCCHI   MATTEO DEMONTE

CHINAMEN

UN SECOLO DI CINESI A MILANO

中国人

米兰华侨一百年

[意] 马泰奥·德蒙特（Matteo Demonte）　　柴·洛基（Ciaj Rocchi）　著

孙阳雨　译

民主与建设出版社

·北京·

说　明

Chinaman这一名词曾被西方殖民主义国家用来称呼第一代华人移民，带有歧视色彩。作者选择这个词语作为书名，用意在于能够还原整体华人移民的真实情景，具有面对历史的勇气。

此书为"米兰世界城市—02号中国"活动的创新成果，读者将从中体会到华人百年移民的坚忍精神。

目录
Contents

1

世界博览会

1906年的世博会
是中国向意大利移民的萌芽时期。

那是1906年，正处于"美好时代"，一切都在蓄势待发。

进步的神话使空气中漂浮着一种可感的喜悦，似乎能瞬间化解世间丑恶。

电能、供应住宅、不断缩短的地理距离、工会运动……

那是新世纪的黎明，充满对全世界做出的承诺。人们蓄势待发，随时准备改天换日。

米兰也不例外，正准备转型为国际化大都市，即将举办一场盛大的世界博览会。

那个年代的米兰不断勇往直前，亟不可待地要迈入未来的大门。意大利工业化成就显著，在这样一个高速发展中的国家里，米兰正在向欧洲乃至向世界展现着一个现代化大城市的形象，积极地扮演着经济领头羊的重要角色。

3

为这段繁荣欢快时刻增光添彩的还有森皮奥内铁路隧道的宏伟工程。这条隧道将米兰直接与全欧洲联通，那场盛大的世界博览会也正是随这项杰作应运而生。

展区分为两个部分：森皮奥内公园和武装广场。两个区域之间以电气高架铁路连接，完全不影响米兰市区的交通，并跨越了当时将城市分为两片截然不同的居民区的森皮奥内货运站。

新建造的建筑大约有220座，只为能容下意大利和其他国家的大量展位。参展的国家包括奥地利、匈牙利、德国、法国、瑞士、英国、荷兰、葡萄牙、土耳其、加拿大、俄罗斯、日本和中国。

吴乾奎是一位中国商人，来自中国浙江省青田县周边的一个小镇，专做石雕和茶的生意。

他参加过法国、比利时的大型展会，1904年已经去过布雷西亚，凭借自己高质量的商品获得了一些奖项。

有了那次机会，他结识了一位米兰商人。这位塞萨尔·柯尔先生居住在沃尔特门北区的梅尔齐·德立尔路，正好紧邻举办盛大展会的森皮奥内公园。

ARS ARS

INAUGURAZIONE DEL SEMPIONE
ESPOSIZIONE INTERNAZIONALE
= MILANO ·1906=①
APRILE = NOVEMBRE

WU QIANKUI

1873—1937

吴乾奎
The Dragon

①森皮奥内 开幕仪式
世界博览会
米兰 1906年4月—11月。

5

SHANG

二人在世界博览会上重逢。

商人之间彼此非常谈得来。

除了重叙友情，他们也分享了部分生意经。

这些小雕塑在我的商业中心非常畅销。看起来像是玉做的，价格却低得多……

它们都是用一种名叫青田石的石头制成的……青田就是出产的地方。青田石质地非常软，很适合艺术品制作。你想要多少我就能拿来多少……样式也随你选。

柯尔先生在他的商业中心销售来自中国和日本的产品。

他参加过欧洲各大展会，将不同类型、多种风格的商品带回了米兰。

正是他首次将这批小雕像其中一部分带到米兰，随着时间的推移，大家都逐渐熟悉了这些"中式工艺品"（cineserie）。

柯尔先生认识一位房东，就在卡诺尼卡路35号，离他的商业中心和展会区都只有几步路，房东很乐意将房子租给商人和流动推销员。

恰巧吴乾奎在找一个会展期间的住所。

因此，两位好朋友住得很近。他们每天可以聊很久，相互交换信息，分享各自国家的文化。

吴乾奎教柯尔打麻将，柯尔则教吴乾奎玩皮诺克尔牌。①

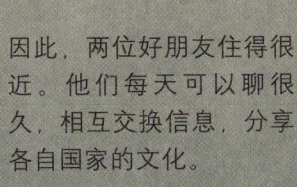

① 意大利20世纪30年代前后流行的一种2—4人的纸牌游戏。

COMPAGNIA IMPERIALE CHINESE
大清渔业公司
DELLA PISCICOLTURA E PESCA

展 ZHAN

mostra

在中国展馆里，吴乾奎化身为一名出色的演说家。他将柯尔介绍给陈箓先生，也就是当时世界博览会的中国代表、大清渔业公司的领导。

他带着天朝的代表团来到意大利，并于6月12日开设了渔业主题的展厅。

展览的商品应有尽有：桨船、帆船、蒸汽船……

还有千奇百怪的鱼类收藏展示，比如著名的龙鱼。

还有非常精彩的贝壳汇展、珍奇的乌龟、鱼类化石、水生植物、珊瑚……

出席仪式的还有：当时的闽浙总督端方，以及专门为这次活动而组建的朝廷官员队伍。

我很荣幸地代表政府出席本次仪式。如今，美丽的意大利和我的祖国之间的距离大大缩短。我衷心祝愿两个同样拥有悠久历史的国家人民友谊长存。

接下来轮到陈箓先生讲话。

我非常感谢实现这一切的主办方，尤其感谢米兰市政府和意大利国王维托里奥·埃马努埃莱三世。

然后是当时世博会的主席、投资人、米兰银行家塞萨尔·曼吉力先生，他用法语进行了庄重的演讲。

我很欣喜地看到，天朝政府不在意种族、宗教、习俗的差异，如此可敬积极地参加了这场劳动的盛会。在我们的展会上，世界人民皆兄弟。

Expo 1906 ①

1906年的世博会将现代化概念搬上舞台。

中国代表的任务还包括觐见莱蒂西亚公主和奥斯塔公爵，然后和他们一起来到斯福扎城堡参观艺术收藏。

Piazza d'Armi ②

STAZIONE AL PARCO ③

IL CAIRO A MILANO ④

①②③④分别为：1906年世博会，武装广场，园区火车站，开罗在米兰。

Borgh di Scigolatt ①

米兰城中的中国人对此极感兴趣，因为那时谁都没见过这公主和公爵呢！

中国人可能是这样一个大型商业盛会中最具异国特色的面孔了，上流社会发了新闻，上流社会的女士们都在谈论他们……

（入口）
Ingresso

OROLOGERIA SVIZZERA ②   BUFFET ASSAGGI ③   PISCICULTURA ACQUARIO ④

①②③④分别为：洋葱店城，瑞士钟表馆，美食品尝馆，水产养殖馆。

其实中国在19世纪40年代以前一直采取对西方完全封闭的政策，但是在两次鸦片战争失利后，国家被迫打开市场，向欧洲国家开放了许多港口，签订了大量条约，包括大量输出廉价劳动力，即著名的华工苦力（Coolie）。俄罗斯西伯利亚大铁路和美国第一条横贯大陆的铁路都是中国劳工修建的。当时还没有中国劳工到意大利，因此中国展馆成了最受游客欢迎的地点之一。

这些中国人为什么都留着辫子？

辫子是忠于皇帝的象征！

苦力

辫子的历史和清朝统治有关。

这种特殊的发型最初是满洲地区中部的中国男性所独有的，清朝将范围扩大到所有汉族人身上。

那时的满洲人每十天就要剃一次前额的头发，然后将其余的头发都扎成马尾，后来为了方便舒适才将其编成麻花辫。

**剪辫子

*他们做什么？

剃发令

TI FA LING

17世纪初期在汉族人之间强制推广满洲发型，这已经不只是一种文化现象和风俗习惯了，而是用接受发型的方式来象征明政府对清政府的屈从。那时的蓄发象征着朝代更替，而在1911年辛亥革命之后，剪辫子被赋予了结束压迫的意义。

这是最初的接触，一位来自青田县的中国人和一位米兰沃尔特门社区的意大利居民之间私交的建立。

20年后来到意大利的中国人，正是来自同一个县的居民；而米兰档案中第一位去世的中国人，曾经住在卡诺尼卡路35号。

世上没有巧合。

中国珍珠商贩

每个人的脚下都放着一个小行李箱，
胳膊上都搭着一大串项链。

中国人正式进入意大利是在1926年。

对于意大利来说，那一年十分关键。墨索里尼在连任首相4年后，决定巩固自己的地位，将他的政府转型，于是推出了一系列法令，称为《法西斯集权法》（Leggi Fascistissime）。

他宣布解散所有政党，只保留国家法西斯党，所有被怀疑进行反法西斯极权活动的社会团体……

包括国家媒体协会（FNSI）在内也一律清除。

此外，他还颁布了一系列国防措施，将所有权力都集中在他手上，并为他抓捕、拘禁政治反对者赋予了新权力。

至此，能够让他汇报工作的就只有国王了。

19

都灵
DU LING

那是3月的第一天，由51名中国人组成的第一批小型移民队伍出现在了都灵市。他们带着上海使馆发放的护照以及意大利王国驻巴黎领事馆发放的签证从法国而来。

3月5日，当地媒体报道了关于"珍珠贩卖商大军"的消息，那时人数已经增到68人了。

他们一个个小分队停驻在城堡广场和波河路的拱廊下。

21

每个人的脚下都放着一个小行李箱，胳膊上都搭着一大串项链。

他们根本无需费力吆喝，因为这里的每一名中国人都会成为注意的焦点。有很多女士都围过来看项链，捏一捏珍珠，考察一下光泽度，然后不厌其烦地询问几个关于假珠宝的细节。

中国人微笑着，用不变的答案回答每一个问题：

米兰市
MI LAN SHI

3月6日，民间的报纸已经开始谈论这场"侵略"，媒体讲述了事情发展的经过。

一位女士只需看一眼那些闪闪发光的商品，试着感受一下硬度，买卖双方就可以讨价还价了。他用中文，她用米兰话，最终以一个双方都满意的价格完成了交易。

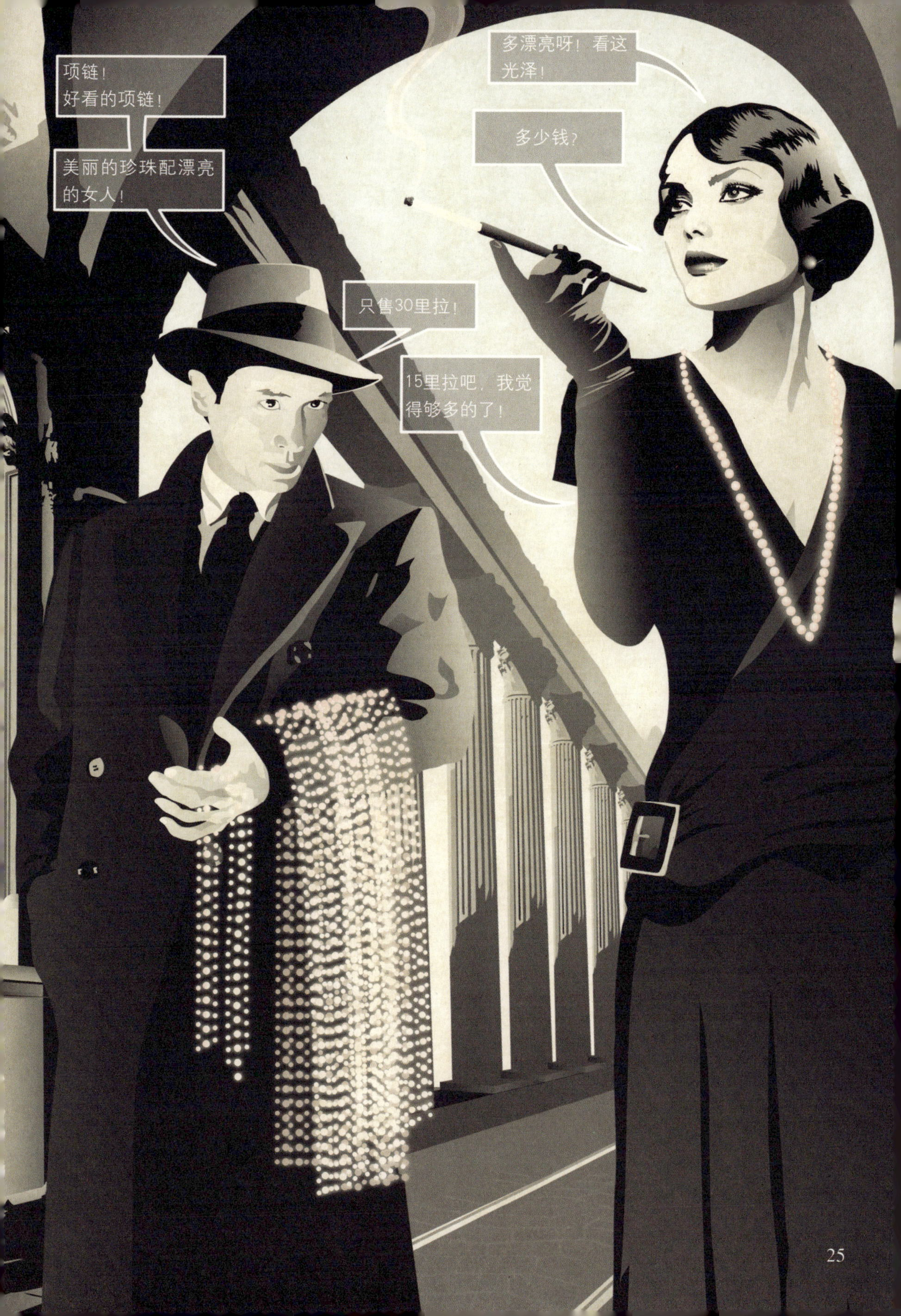
项链！
好看的项链！
美丽的珍珠配漂亮的女人！
多漂亮呀！看这光泽！
多少钱？
只售30里拉！
15里拉吧，我觉得够多的了！

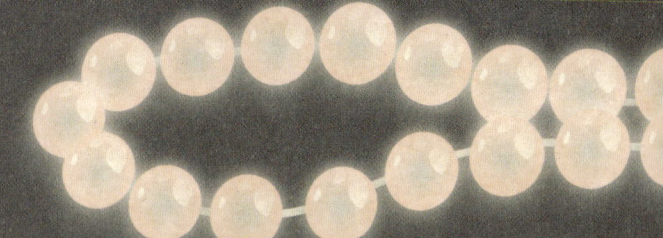

一些会说几句法语的中国人讲道："这些
珍珠来自用特殊方法养殖的贝壳。有时也
直接来自珍珠母，还有的是用一层又一层
的神秘物质包裹而成……"

这些项链的定价在15里拉到100里拉之间，根据颗粒大小不
同而定，但最后经常5里拉就成交了。

一些经历过那个年代的人说，他们曾看到一个中国人手提箱里半小时之内就塞
了500里拉。他们的确也招来了一些批评，不过大多来自男性，而女性都很乐
意他们能卖廉价饰品。

天哪，多好看的珍珠！

这些珍珠的光泽和渐变的色彩看起来就和真的一样……因此，它们到底是怎么做出来的已经不重要了！

假珠 JIA ZHU

随后，巡逻警拿着交通规则，开始给这些在城市里乱跑的天朝之子们上起课来。

*我也不知道。

* 他说什么？

道路中央有一片网格，你们不能越过那个边界。在这片区域内你们只能在建筑的夹道中占用少量空间，而且不能影响他人。

但那些中国人好像根本没有听懂，还是照样随心所欲地在人多的地方穿行，而且每小时都有人在和巡逻警斗智斗勇。

罚款50里拉！

中国人就微笑着支付罚款，生意照做，而且十分红火！

50里拉对他们来说值得了什么呢？

何况他们还有整个女性世界支持着……没有比这更有效的保护伞了！

1926年3月7日，根据《每日晚邮报》记载，在意大利的中国珍珠商贩共500人。

3月8日，中央警局决定清查这些中国人。城市里他们的数量还在继续增加。

去查清楚他们的具体位置，如果他们持有有效护照和签证就允许他们继续在城市里停留经商，没有的话……就逮捕他们！

于是，最早的26名中国人获得了正式居留文件和经营授权，其余的则被勒令离开城市。

VITTORIO EMANUELE
RE D'ITALIA①

有些人得到了官方许可，可以自由地在城市里走动。

但另一些人也照做不误。

走吧！

MPORIO②

POLLERIA③

①意大利国王维托里奥·埃马努埃莱三世。
②③分别为：百货商店，家禽店。

30

3月11日，总警局下令各分局派人将这些中国珍珠商贩拘留，并将他们带到刑警队办公室。

他们犯了售卖廉价鲜艳的项链之罪。

根据米兰当地媒体报道，当天多达300人被拘押在圣凡德利广场上，吉斯兰佐尼神父出面调解。

吉斯兰佐尼神父曾经是传教士，在中国生活过很长一段时间，是这里唯一能够讲他们方言的人。

3月19日当天，警局也下达了一次大面积搜捕任务。

有20名中国人被带到城堡广场分局、12名被带到森皮奥内路分局，加里波第路分局带走了15名中国人，其他警察分局情况也不相上下。

搜捕的目的是要这些让意大利商人深恶痛绝的"不受欢迎之人"远离意大利王国。他们"直接或间接来自政治上可能或绝对布尔什维克的地区"——3月16日内务部一份绝密通报中这样写道。

①向人民的和平解放致敬。

这是一场持久的较量。

权威力量试图通过罚款和没收商品来让这些流动商贩遵守法律。

而另一方面，中国商人则乖乖地缴纳税款并试图感化他们的代理人以便改变困境。

3月20日，中国商人问题更为激化，当时的媒体整版都在讨论此事。

《邮报》上的报道标题为：
米兰已售出100万颗假珍珠

估计有一名不愿透露姓名的作者对这种形式的贸易很感兴趣，自发进行了一次调查。调查结论显示，每名中国人每天至少能赚到1000里拉。

显然事实并非如此。他们收入微薄，每天睡在一二里拉一晚的小宿舍里。

这是典型的小资产阶级的嫉妒表现，却使中国流动商贩的销售传奇更为增色。

与此同时，警方的数据显示，最后一次搜捕行动结束后，留在米兰的中国人就只剩下80个。

CHI KU NAI LAO
吃苦耐劳

①卡尔特有轨电车。

TRAMVIA① CERTOSA

其他人都去了意大利的其他城市。

曼托瓦、博洛尼亚、安科纳、的里
雅斯特、福贾等地都出现了中国流
动商贩的记录。

有一篇非常重要的文章于1926年4月7日发表。

《邮报》仍然在谈论中国人的问题，文章中写道：已经有一些米兰的中国人在卡诺尼卡路38号定居。

REGIE POSTE

① 公共电话11-134。

请出示经营许可！

从左至右的招牌分别为：

第一列为：菲尔内特·布兰卡，科内罗，威士忌，招牌由于遮挡不确定；

第二列为：玛萨拉·弗洛里奥，甜品店，科迪亚莱；

第三列为：苦艾酒·琴扎诺，酒品店，梅洛尼·R，咖啡。

但到了1926年5月6日，内务部又发了一份秘密通报，将中国流动商贩定义为"不受欢迎的来客"，建议拘捕或驱逐，甚至可以逐出国境。

有些行政区过分严厉地执行了这些命令，大范围搜捕中国流动商贩，甚至引起中国外交领事馆的担忧和抗议。

5月15日，一项新的通报要求所有行政长官以"圆滑而谨慎"的方式尽可能清除所有中国人。

5月末，外务部又命令所有意大利领事馆不得向中国流动商贩发放入境签证。

尽管有大量中国商贩被拒绝入境或驱逐他乡，但还是有一些疯狂的珍珠商选择留在了意大利。

他们从米兰来到其他城市，四散在意大利的各个角落。

①墨索里尼 公爵。
②国家巴利拉组织（Opera Nazionale Balilla，意大利一个成立于1926年的法西斯青年组织）。

42

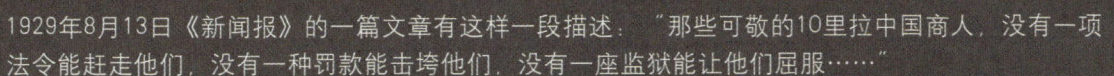

1929年8月13日《新闻报》的一篇文章有这样一段描述："那些可敬的10里拉中国商人，没有一项法令能赶走他们，没有一种罚款能击垮他们，没有一座监狱能让他们屈服……"

像遗生先山中孙

革命尚未成功
同志仍须努力

珍珠的时代结束了。如今我们要开始销售领带！

新闻专栏还在持续讨论着他们连续多年的造访。他们的珍珠市场逐渐饱和，但他们并没有因此做出任何妥协，仍然继续叫他们的亲朋好友一起走街串巷销售领带，至此进入了20世纪30年代。

43

战争里的人们

在意大利的中国人
已经预感到即将发生些什么大事。

青田县
QING TIAN XIAN

这样一来，签证的发放就变得更加容易了。

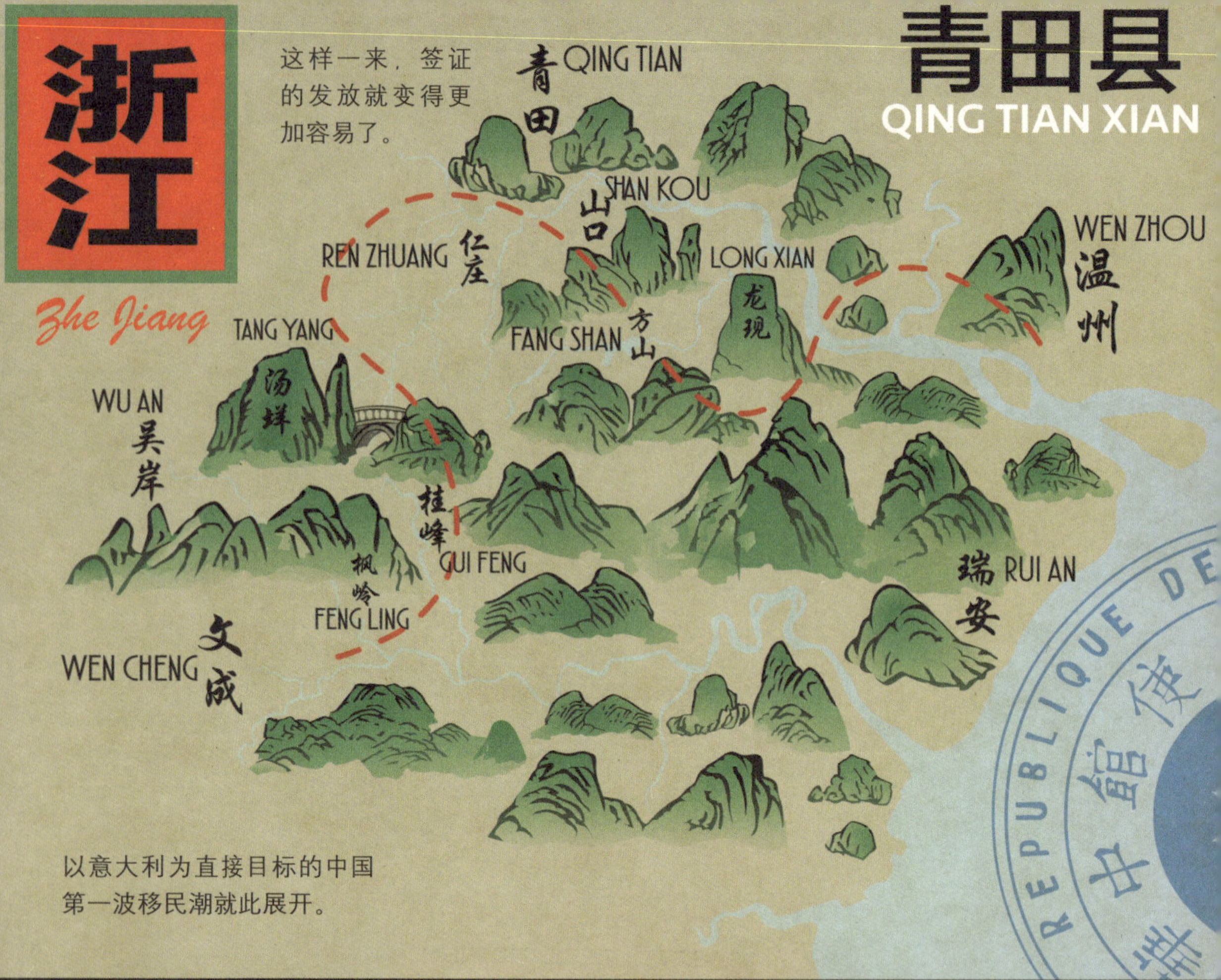

QING TIAN 青田

SHAN KOU 山口

REN ZHUANG 仁庄

LONG XIAN 龙现

WEN ZHOU 温州

FANG SHAN 方山

TANG YANG 汤垟

WU AN 吴岸

GUI FENG 桂峰

RUI AN 瑞安

FENG LING 枫岭

WEN CHENG 文成

以意大利为直接目标的中国第一波移民潮就此展开。

REPUBLIQUE DE 中馆使

一九三七年
YIJIUSANQI NIAN
1937

30年代的最初几年中，不断有新的浙江人来到意大利，与那里的亲朋好友汇聚。他们大多已经办起了小手工作坊，或是做着领带、针织品、钱包、肩带和皮带零售流动商的工作。

那时的意大利移民高峰出现在1937年。中国国内环境动荡也是推动移民的主要原因之一，在此之后随着整个国际环境的变化，移民潮戛然而止。

中国的情况更是
爆发式的巨变。

蒋介石面临着两场战
争：一要对抗入侵满
洲、建立伪满洲国傀
儡政权的外部敌人；
二来还要对抗共产
党，其政权正在被共
产党动摇。

伪满洲国

①HSINKING
MANCHUKUO②
CHINA③
JAPAN④
HAWAII⑤
U.S.A.⑥

①—⑥分别为：长春，伪满洲国，中国，日本，夏威夷，美国。

1936年11月，意大利与德国秘密签署了《德意议定书》。1937年11月，意大利加入日、德签署的《反共产国际协定》。

1937年，意大利和中国的外交关系愈发冷淡。

然后到了1938年，种族法律广泛推行，居住在意大利国土上的中国居民境况发生了深刻的变化。

这几天警察总是盯着我们不放。

因为我们是中国人啊！

在意大利的中国人已经预感到即将发生些什么大事，尽管还没有人对他们有任何伤害，但他们非同寻常的存在本身就足以构成仇恨和怀疑。

IL GIORNALE D'ITALIA
IL DUCE HA PARLATO AL POPOLO
LA GUERRA
alla Francia e all'Inghilte

① 报纸上的内容：
意大利日报
公爵对人民宣讲
战争
指向法国和英国

1940年6月10日，意大利对英法宣战，与德国站在同一阵营并与日本结盟，于是中国也变成了敌对的国家之一。

在意大利的中国公民在街道和广场上穿梭也被视为可疑对象。

政府实施了驱逐政策，让他们远离一切军事重地。

南方各省和前线各省（包括库尼奥、戈里齐亚和热那亚）的许多行政区都开始与内政部交涉，打算将停留在意大利国土的中国人逐渐驱逐到某些市镇或集中营里。最初启用的是阿布鲁佐大区的托西恰集中营。到了1940年，记录中共有137名中国人被拘捕关押，主要是在米兰、罗马、那不勒斯、的里雅斯特、特雷维索和波拉遭到围捕。

阿布鲁佐
ABULUZUO
Abruzzo

中国人开始恐慌起来。

情势急转直下。

内政部公共安全总领导机构共清查了431名中国人，主要是米兰和博洛尼亚的居民，此外也有不少居住在都灵、的里雅斯特和那不勒斯的居民。

有路子的人都转移到了其他城市。有些人从米兰搬到博洛尼亚，尤其是在1940年8月英军的轰炸袭击事件后。

徐玉兴就是其中之一。1941年，他成了一家公司的老板，公司地址就在圣卡罗路上——博洛尼亚的中国人最初就是选择了那条路来开办他们的手工作坊，主要生产革质钱包和皮带。

VIA SAN CARLO ⑤

⑤圣卡罗路。

徐玉兴是个生意人，拥有一家简单的皮革工厂。

徐玉兴
XU YUXING
Gane

通常来讲，手工业者都是经济独立、拥有固定住所的人，只要能证明拥有合法居留和营业许可，就可以免受来自绝对权威的暴力与压迫。不过这些中国人在米兰轰炸袭击之后增加了许多，表现得太过敢作敢为，因此明显引发了他们的对手——博洛尼亚手工艺人和流动商贩的嫉妒。

一些搜查员在某些中国人的住所里惊讶地发现了一幅孙中山的肖像画，这幅画"被显眼地挂在墙壁上，就好像故意炫耀一般"。他们还发现了一些禁止贮存的消费品，如大米、肥皂等，违反了现行的配给法令。

①香皂。

因此被逮捕的博洛尼亚中国人有十几名之多，其中也包括徐玉兴，他被流放到卡拉布里亚大区科森扎附近塔尔夏的费拉蒙迪集中营。

徐玉兴和其他居住在博洛尼亚圣卡罗路14号的中国居民于1942年1月9日到达费拉蒙迪。

费拉蒙迪集中营是唯一一所随种族法律的颁布而完全新建起来的集中营。营地由92间营房构成，占地大约16公顷。尽管它的外表毫无疑问地仿照了德国纳粹集中营，但实际远不及那里的程度。

无论如何，费拉蒙迪都永远地成了一个因禁与贫困的悲伤之地。

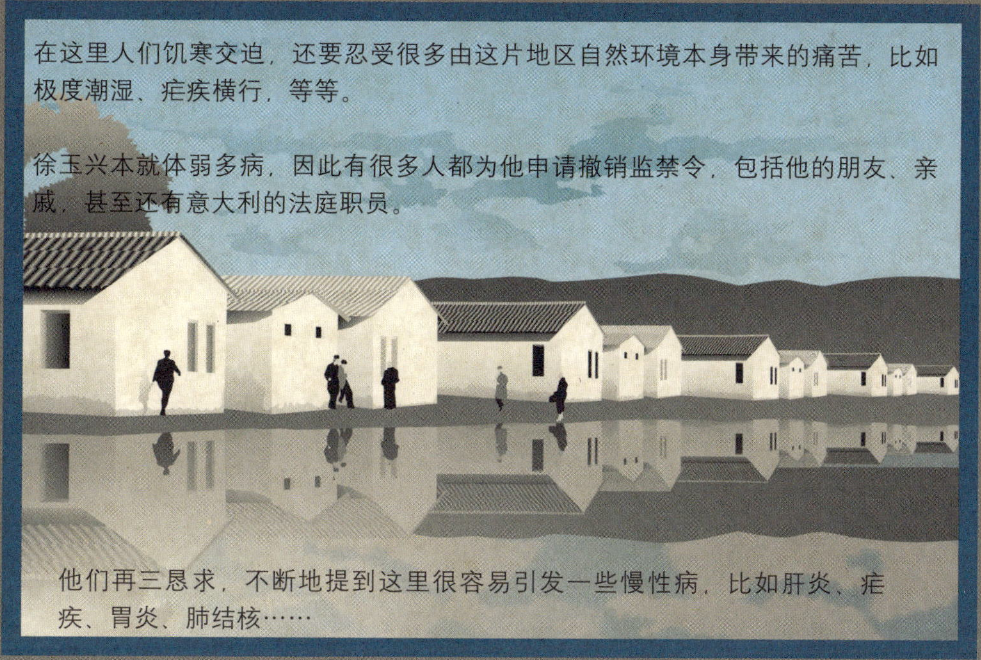

在这里人们饥寒交迫，还要忍受很多由这片地区自然环境本身带来的痛苦，比如极度潮湿、疟疾横行，等等。

徐玉兴本就体弱多病，因此有很多人都为他申请撤销监禁令，包括他的朋友、亲戚，甚至还有意大利的法庭职员。

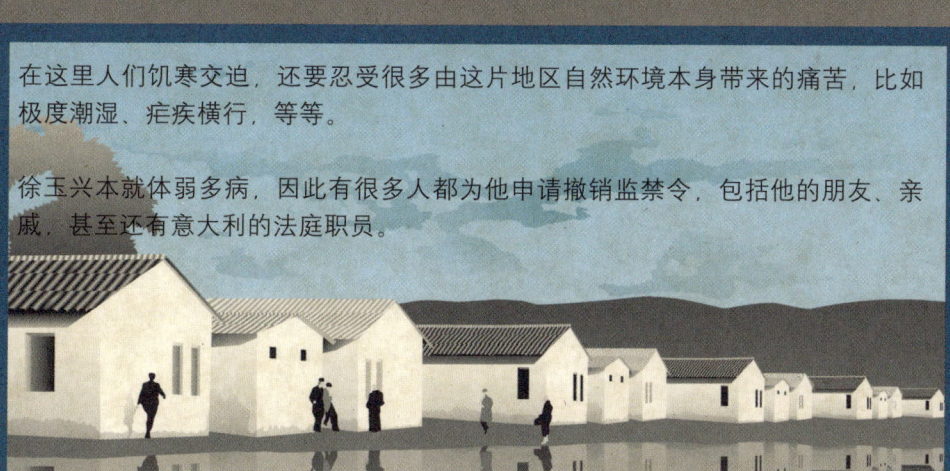

他们再三恳求，不断地提到这里很容易引发一些慢性病，比如肝炎、疟疾、胃炎、肺结核……

……但撤销申请从未奏效，上级害怕他的个例会被其他中国人效仿。

1943年2月8日，内政部权衡考虑了他的健康状况，终于将他转移到泰拉莫省一个气候温和的城市里。1943年4月12日，徐玉兴被送到了阿特里市。

在这里他遇到了年轻的姑娘吉娜，不久后的1945年9月27日，吉娜成了徐玉兴的妻子。战后他被记录在失业补偿名单档案里，和另外几名中国人一起被安置在巴洛缪奥·帕萨萨罗蒂路27号的一所房子里。

很多中国人都在战争结束后与阿布鲁佐的妇女成婚，并将她们带到他们在意大利定居的各个城市。种族法律废除后的那几年，中国人和意大利人纷纷回到各自定居的地方结婚。

他们已经对战争造成的损失与折磨感到疲惫。或许此时这些男男女女心中怀着重新开始一切的强烈渴望，而婚姻正是为生命喝彩的最佳形式，尽管语言问题让彼此之间相互了解产生了一些障碍。

但爱情有无数道路可选……

徐玉兴迎娶了来自阿特里的女人吉娜。

他的证婚人是好友吴龙进，大家都叫他"小面具"

吉娜有一位闺中待嫁的外甥女，是她姐姐的女儿，叫西西莉亚。西西莉亚本来和一位当地的男孩有了婚约，但母亲和小姨却根本不同意他们结婚。

那个中国人工作很上进！是一个很认真的人。

然后他会带你到城市去！你也会成为吉娜阿姨那样的女人！

于是西西莉亚和吴龙进结婚了，一起搬到博洛尼亚居住。这次他们的证婚人是翁贝托·孙，他是为居住在博洛尼亚的同乡分配工作的最重要的中国人之一。

小面具
Mascheri

西西莉亚·杰斯拉奥
Cecilia
Geslao

吴龙进

WU LONG JIN

翁贝托1937年到达意大利。他的奇遇从威尼斯港口就开始了，当时的权威机构曾试图给他发放另一个人的护照，但他看得懂意大利语……

> 这不是我的名字！我叫孙耀光，这里写的却不是……

SUN YAO GUANG
孙耀光

Umberto 翁贝托

到了博洛尼亚，他的事业也是从流动商贩开始，但很快就开办了自己的小作坊，生产价格低廉的钱包，材料都是人造革或假皮。

后来这间小作坊转型成了诊疗所。那是在意大利开办的第一家进行针灸疗法的地方。

1945年，他与安东尼娜结婚。二人在他被疏散到圣阿加塔-博洛涅塞时相识，战后育有四子。他的故事与1956年在意大利的其他中国人有所不同。那年他到中国台湾，作为意大利华侨代表参加了蒋介石70岁诞辰活动。庆祝会上他当选为"海外华侨联合委员会"的永久成员。

BOLUONIYA
博洛尼亞
Bologna

华侨

HUA QIAO

1959—1965年，他参加国民党党务活动。

1970年，他申请入意大利国籍成功，内阁主席以耶稣圣母之名为其授予了荣誉司令勋章。

1989年，他创办了博洛尼亚华人协会，并被推举为主席。

但在这几年里，国际形势有了很大转变。

20世纪60年代末到70年代初，毛泽东领导的新中国正式加入联合国，因此海外华侨需要面临一项重要的抉择：或者承认中华人民共和国，并获得新的中国护照；或者坚持原来的国民党的护照，但同时失去至少是在那时看起来根本不可能的返乡机会。

中华人民 共和国
ZHONGHUA
RENMINGONGHEGUO

尼克松
NIKESONG
Nixon

毛主席
MAO ZHUXI
Presidente Mao

这一现实让原本团结的团体内部产生了巨大的分歧。

我们来自浙江省……我们要跟随蒋介石！

但是浙江省是中国的一部分，如今中国已经是共产党领导的新中国了。你怎么能说自己是中国人，然后又不承认自己家乡所在的国家呢？那是你生长的地方，我们都是在中国出生的，我们不是台湾人。

王薛芳
WANG XUEFANG
Shafo

胡锡珍
HU XIZHEN
Susan

更年长一些的少数人怀着早已固定的生活信念，决定做出让步，让年轻的新潮流引领时代。胡锡珍成为另一些人推选出的领导，他被大家称为Susan，一直都很看好毛泽东引领的中国。

胡锡珍是1933年来到意大利的，早在很多年前，他就已经远离故乡，到日本去碰运气。

他来自如今的青田县，那里是一片农村，商贸活动零散限于山谷和山上的无数村庄之间，一条瓯江串起了所有村落。

在东京，他遇到了很多和他一样的年轻人，都来自浙江南部不同村庄，其中包括吴立山。

当然这里是另一个世界啦！

和我们中国的狭小村落截然不同，没法比……

他们有着相同的年纪，或许还不到18岁，对未来也抱有同样的信心。

再加上同样远离故乡，两人成了非常亲密的好哥们儿、好伙伴。

东京

那时正值第一次世界大战刚刚结束，日本各个方面都在飞速发展着，在国际市场中的地位也越来越高，拥有如此乐观的商业前景，日本便成了很多中国人的移居目的地。

銀座柳通り①

①银座柳街。

关东震灾

GUAN DONG
ZHEN ZAI

不过，1923年9月1日，一场大地震袭击了关东平原。

接下来状况混乱，所有在日本的中国人都回了家乡。但对这些移民来说，家乡的情况又是一番灾难。

于是，他们来到了欧洲，先是踏入法国，然后是荷兰，接着就是意大利。

胡锡珍手中的生意在战后兴隆起来。他和王薛芳联手创办了Scicen①公司，成为意大利最重要的华人皮革商贸中心，公司员工多达十几名，有意大利人也有中国人。

尽管性格迥异，但两位老朋友怀着同样的梦想与希望，如今又共同把事业推向成功。

> 我们走吧，这周末我们一起去阿姆斯特丹！那里有场比赛，我千万都不可错过……

> 你呀，就知道工作！也要不时放松一下啊。

> 不去了，谢谢。坐飞机离开好几天，接下来整个周一我都会浑浑噩噩的！

①音译为狮子。

20世纪60年代以后，Scicen公司还在不断扩张。他们乘着这股小小的经济繁荣热潮，又从意大利北方起步，将业务扩展到了全意大利。米辛托的工厂由王薛芳负责管理，米兰的商店则由胡锡珍经营。

但华人群体带来的惊喜远不止这些。

①胜家。

第一家中餐馆

中餐馆开办更进一步标志了华人取得的成功
以及社会地位的提升。

安提莉亚比任何人都更清楚米兰第一家中国餐馆开张的那一天是何等重要，他们所做的一切有着非凡的象征性意义，那一天成为一个特殊的历史时刻。

而且这一重要性不仅对于中国人而言。

中餐馆开办不仅象征着华人终于能够正式步入这个接纳他们容身的世界，更进一步标志了他们取得的成功以及社会地位的提升。

对于米兰城来说，这也是非常重要的一步。它的经济首都形象再次升华，也在某种意义上证明了它终于追上了早在1949年就出现中餐馆的罗马的步伐。

中華 餐 館

RISTORANTE CINESE

LA PAGODA

那是1962年。

从安提莉亚结婚之日算起，已经有15年过去了。她的命运与意大利的华侨紧紧地连在一起。

她那时正在幸福地等待着第四个孩子的降生。

她仍然清晰地记得她与胡仲山相遇的那一天。他第一次将目光投向她时，正好是1946年中华民国的国庆日，他注意到了她笔直的身形和沉着的神态。她正是他一直寻找的理想伴侣。

而且她十分美丽，双瞳中映出那天的天空清澈无比。她全身都散发着他理想的妻子应有的魅力。

胡仲山向安提莉亚求婚的时候，她还是个小姑娘。

67

安提莉亚来自一个相当富裕的家庭，一直十分向往去修道院学习，最初很难接受这一选择。

但她和她的父母都被这位外国男人的魅力与优雅征服了。最终，她从维杰瓦诺搬到了米兰居住，开始融入那里正不断发展的华人群体。

战后，谈论华人群体也恢复了正当性。

NANC

①南京。

随着敌对关系的终结，很多人都回到了祖国。留在米兰的中国人有八十几名，大多都是已经与意大利女人结婚甚至抚养着子女的中国男人。

安提莉亚有着宽广的胸怀与远见卓识，因此毫无困难地融入了这一巨大的"家庭"，与其他"家庭成员"共同生活、共享空间。

她的温柔总是为很多人带来安慰。

胡仲山

HU ZHONGSHAN

Junsà

VENEZIA
威尼斯
TRIESTE
的里雅斯特
BRINDISI
布林迪西

PORT SAID
塞得港

BOMBAY
孟买

胡仲山于1936年来到意大利。

那时他只有16岁。

他在茫茫大海上经历了40天的旅途，从上海出发，经过香港、新加坡、哥伦布、孟买、塞得港、布林迪西、威尼斯，最终到达的里雅斯特。

SHANGHAI
上海

HONG KONG
香港

SINGAPORE
新加坡

OLOMBO
哥伦布

CONTE ROSSO

①红色伯爵号。

胡仲山并不是移民，只是一名学生。

他待人处事的方式，以及优秀的意大利语口语、写作能力使他成了胡启贤（当时米兰小型中国人集体的正式代表人）的左膀右臂。

此外，他在结婚前就已经改信天主教。尽管像所有中国人那样，他内心里还强烈地保留着崇敬先祖的习惯，但在结交了很多信仰天主教的朋友后，他对天主教世界产生了浓厚的兴趣。

那一天，安提莉亚看着坦坦荡荡在众人目光之下的丈夫，几乎无法想象这整个过程中向前的每一步是如何发生的。

NANCHINO①

①南京。

胡克明

HU KE MING

餐馆的开办当然不是偶然。

在此之前他们拥有一家商店，交给了长子胡克明经营。

而在更早之前，在创造的所有外部条件之下，他们已经构筑了足够的内在条件。

他们之间有着爱与信任的情感联系，安提莉亚曾多次感到这种联系是非常有力的事业支持。

她是一位非常有感染力的女人，她带来的影响力总是来源于她的慷慨之心。

而胡仲山则非常清楚，他永远可以放心地依靠着她。

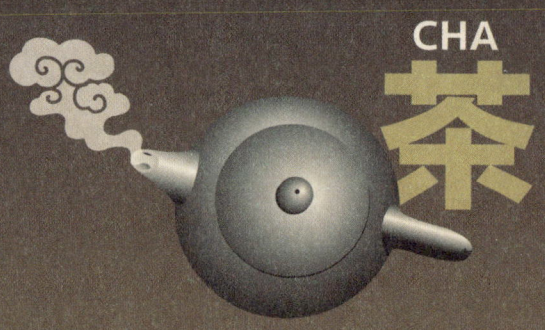

CHA
茶

胡仲山的客厅里总是会举行一些"闭门会议",大家试着在那里解决一切问题。

没有一件事会不了了之，他们照顾到了所有细节。

最大的股东是杜岩品，人们称他为"小路易吉"。他非常能干，拥有优秀的商业直觉。多年的辛苦劳动之后，命运之神给了他应得的回报。

胡仲山拥有渊博的知识，他负责申请所有的许可以及处理所有官员方面的事宜。

吴盛兴人称"阿K"，负责厨房工作。

张奎荣人称"小乔万尼"，负责管理大堂。

小路易吉在1937年到达意大
利热那亚，他的姐夫此前已
经在那里定居。到后来他才
搬到米兰卡诺尼卡路居住。

依靠好友小乔万尼借给他的资金，他在这里购买了一台缝纫机，并开办了一个生产钱包的小型作坊。

小路易吉十分擅长经商，他的企业在战后飞速成长。他在米兰和布雷西亚分别拥有一间商店。

STANDA ①

①意大利家庭仓库。

20世纪50年代中期以后，他开始为STANDA超市在全国范围内提供箱包货源。

杜岩品

Luigino Jang

不过 "LA PAGODA" 中餐馆才是他的掌中宝。这家餐厅让整个华侨群
体的声望都得到了提升。

这是他们向世界打开的窗口。

阿尔贝塔
*Alberta
Jang*

我做好所有邀请人员的名单了。几乎所有人都答应前来。明天一定是值得纪念的一天！

玉醴宴嘉

他们相互凝视了几秒，仔细体会了一下安提莉亚的话语，就各自返回了自己的公寓。

真正的难关在于传统产品的采集工作，他们不得不求助于伦敦或巴黎的华人群体。因为意大利中餐馆的数量仍然少之又少，少了一个真正能让华人采购厨房所需原材料的市场。

开张典礼的菜单包括了11道荤菜，其中用到了很多在意大利绝对鲜为人知的食材。

前餐有龙虾和卷肉片，主菜包括MAROSTA① 配鱼翅、豌豆炒虾仁、五香鸭肉、腰果鸡丁、肉炒竹笋、糖醋鱼片、炒饭、菌菇鱼汤、燕窝以及中国特色水果。

①音译为马罗斯塔。

1、将一根筷子夹在大拇指和手掌之间。

2、翻转手腕。

3、加入另一根筷子，将其放在食指和中指之间。

4、试着只移动第一根筷子来夹东西。

筷子 KUAI ZI

83

那时有两个大厅：一个大厅在一层，另一个在地下。餐厅装修十分豪华，有漂亮的灯饰、雕刻的屏风，还有丝绸材质的刺绣壁挂。

饮料包括意大利产的白葡萄酒、红葡萄酒和起泡酒，当然还有中国白酒，包括最著名的茅台酒——LA PAGODA[①]餐厅就是第一家将茅台引进意大利的企业。

①音译为宝塔。

宴会桌的摆设同时兼顾了两种文化，既有刀叉也有筷子，不过装饰华美的餐盘肯定是中国特色。

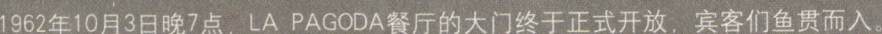

祝贺！这家餐厅布置得正合我们心意。

谢谢，我们尽量做到最好了。

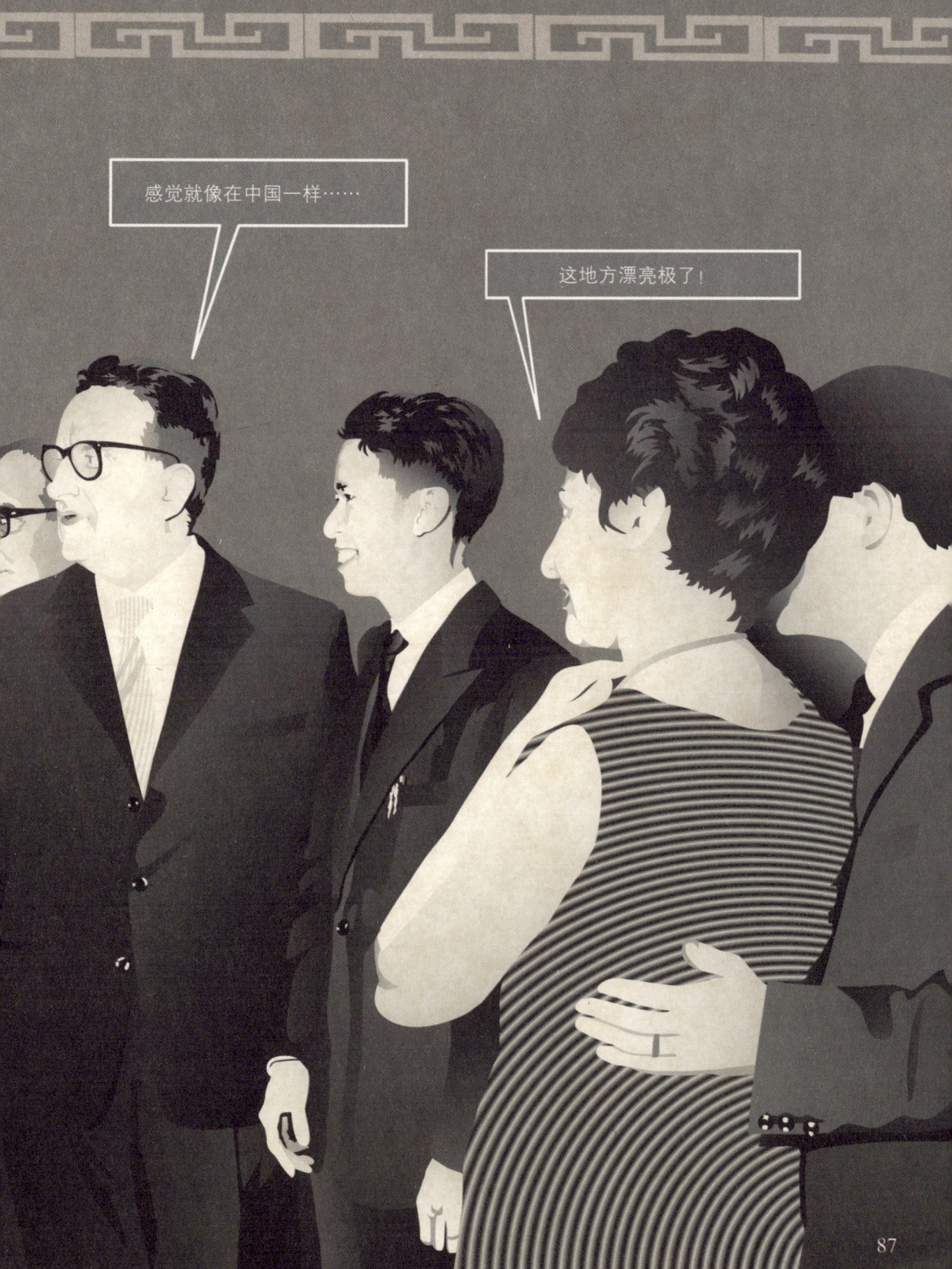

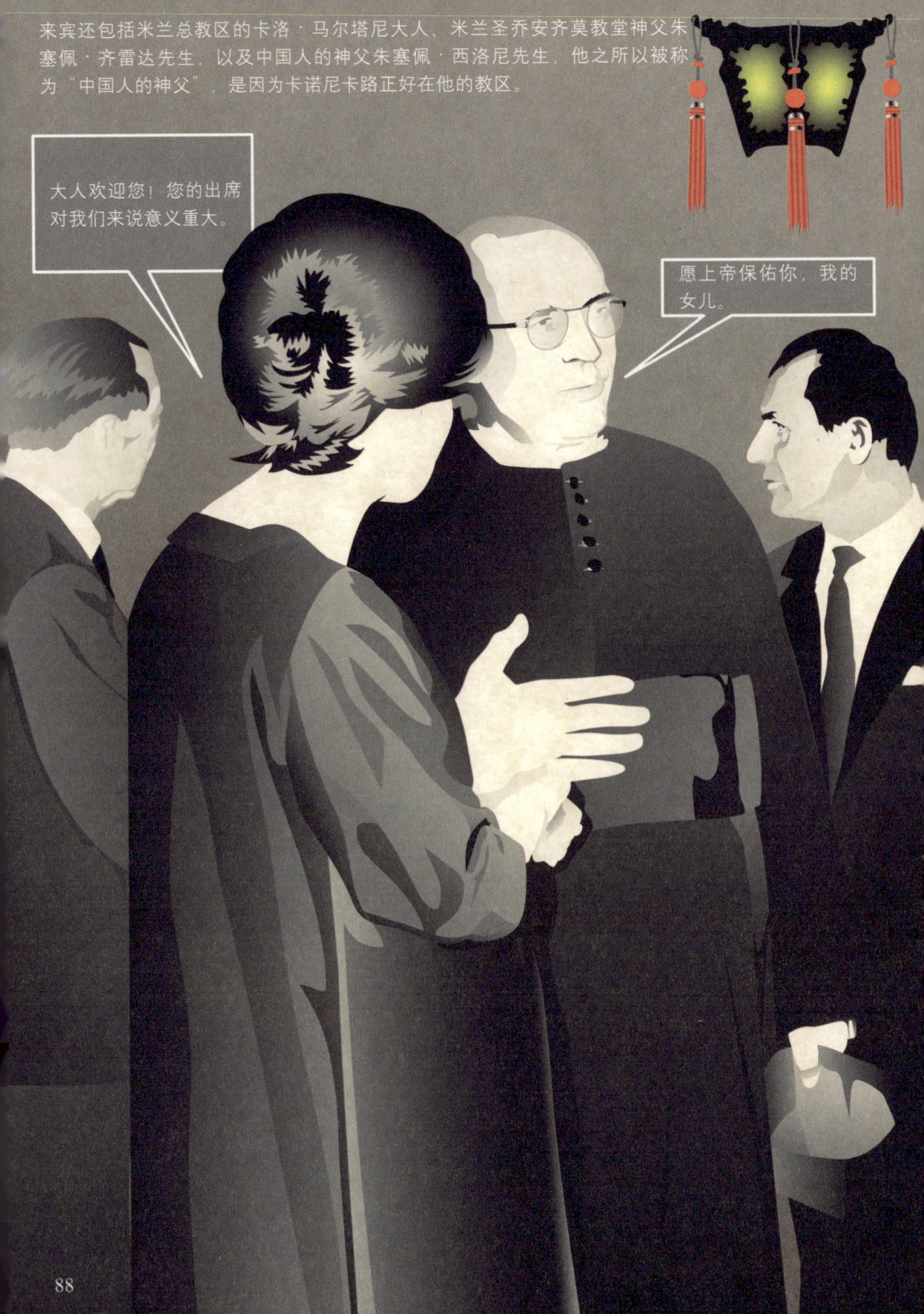

来宾还包括米兰总教区的卡洛·马尔塔尼大人、米兰圣乔安齐莫教堂神父朱塞佩·齐雷达先生，以及中国人的神父朱塞佩·西洛尼先生，他之所以被称为"中国人的神父"，是因为卡诺尼卡路正好在他的教区。

大人欢迎您！您的出席对我们来说意义重大。

愿上帝保佑你，我的女儿。

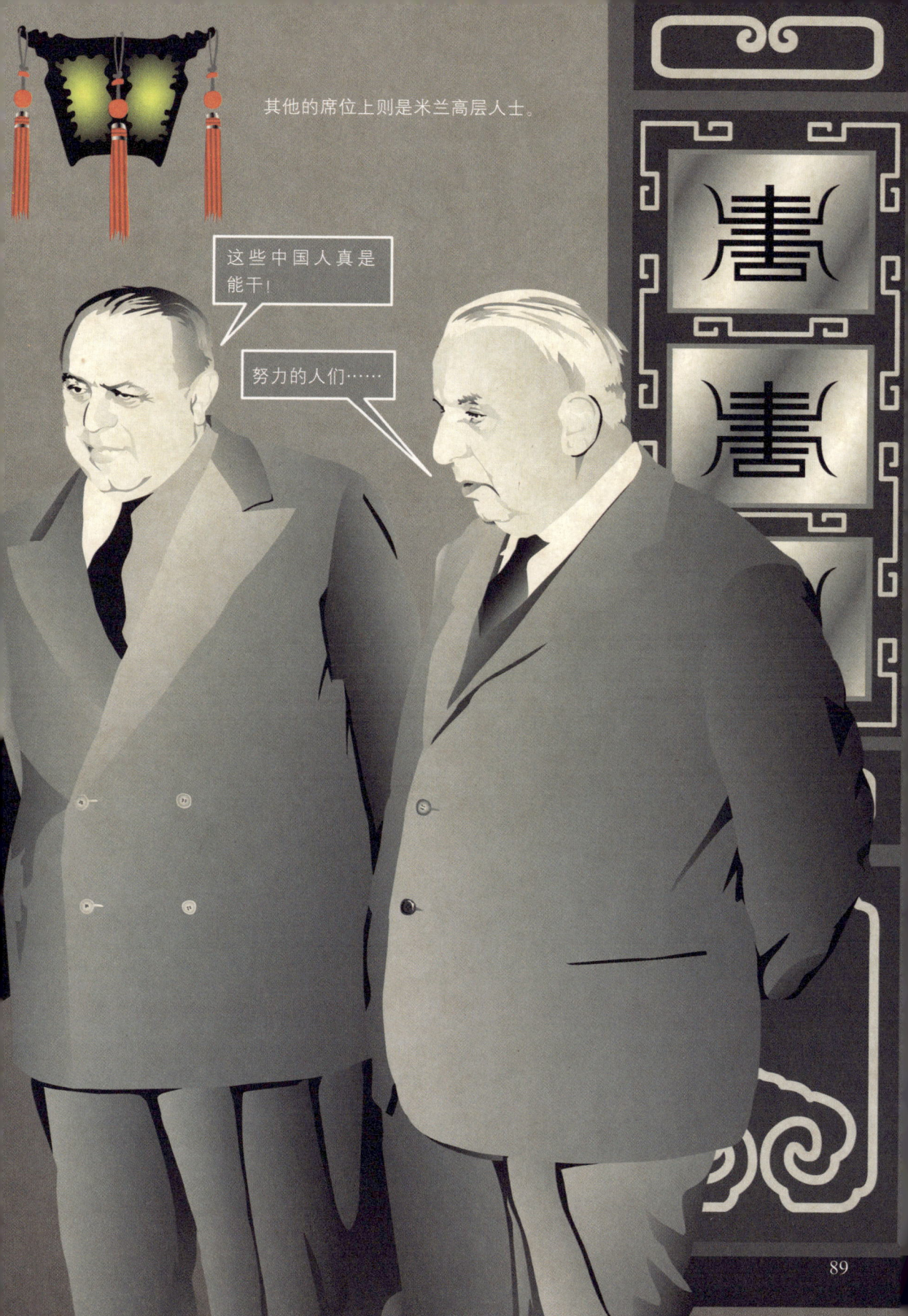

《晚邮报》邀请了迪诺·布扎提用一大版篇幅来记述这件事，题目是《你喜欢 MAROSTA 吗？》。

此后，餐厅的签名簿上甚至出现了歌星米娜、托尼·达拉拉^①、演员阿兰·德隆等名人……

① 意大利20世纪50年代活跃的著名歌手、艺人。

餐馆的异国风情特别吸引那些从未亲身前往却早已耳闻中国美食精致口味的人，传说那是一个红灯笼照亮的世界。

①米兰从全面落后中脱身
你喜欢MAROSTA吗？
如果想要尝试中餐馆，
一定要避免随之而来的"你懂的"。

Mina 米娜

迪诺·布扎提
Dino Buzzati

LA PAGODA餐厅坐落在米兰的法比奥·费尔奇路上，一直营业了37年。出生宴、婚礼、国庆节，或是最简单的周日家庭午餐，人们都会将这里作为首选场所。这家中餐厅逐渐成了华人群体举办每一场庆祝活动的固定地方。

遗憾的是，胡仲山于1977年突然与世长辞。他的灵魂升上天空，精神长眠地下。在他的葬礼上，人们排成长队穿过他所居住的社区，一直到圣三一教堂。人数相当之多，多到队伍的头尾竟然最终相接，将整条四方形的环状街道填满，展现了华人群体与同样在场的众多与他们有着深厚感情的米兰市民之间的密切关系。胡仲山作为四个孩子的父亲，无疑是米兰华人中的杰出人物，他亲历了欧洲华侨的经济进步：从一间间小型皮革工厂，到街道上一间间宽敞的商店，最后还成为创办大饭店的先驱。胡仲山有很多称呼，但大家经常只简单地称为"南京"（Nanchino），即他商店的店名。

他的离世在亲朋好友心中留下了一个无法填满的空洞。对所有人来说，他为一个时代画上了句号。

胡仲山先生

金信成先生

LA PAGODA餐馆是米兰第一家中餐馆，它的成功很快就催生了其他中餐馆纷纷出现。

20世纪80年代还只有20几家中餐馆，如今已经有上百家。在那些最出名的中餐馆中，我们还是能够找到与LA PAGODA千丝万缕的联系。

金信诚是当年的主厨。

他来自香港，早已习惯与外国人打交道。

金信成 JIN XIN CHENG King

仇字容 CHOU ZI RONG VaVa

①Mandarin，普通话。此处可音译为"满德林"。

1970年，他和妻子携手开的MANDARIN①（满德林）餐馆一开张就成了城市中的一个亮点，尤其以饺子出名。

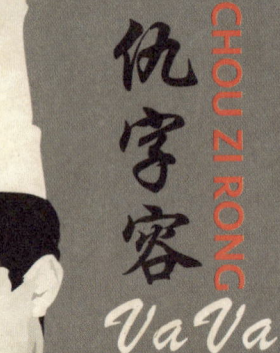

如今，他的子女又开了几家分店，其中MANDARIN2地址位于多纳泰罗路，LON FON（龙凤）位于拉扎莱托路。

那时，另外两名厨师是Va Va和Lu Lu。

Va Va的中文名字叫仇宇容。他后来和家人在法拉路上开办了TA HUA餐厅，以广式点心、广式蒸饺为特色，每日都现做现卖。

Lu Lu则在阿达路上开了LEON D'ORO（金狮）餐馆，然后由他的子女接手，还扩大了经营范围。又在普利尼奥路上开了一家L´IMPERIALE（皇帝）餐厅，不仅提供丰富的中餐菜品，还有越南和日本料理。

家族谱系并非就此终止。张奎荣，也就是另一位股东"小乔万尼"的后代，也在继续经营着家业。

他的孙辈和曾孙辈后代开了CHINA GARDEN（中国花园）餐厅，如今我们可以到贝伦加尔路的Oren餐厅找到踪影——这家受人追捧的餐厅提供的都是完全当场制作的菜品。

托尼·达拉拉
Tony Dallara

说起米兰的中餐馆，就不得不提到长城餐馆，1974年在欧贝尔单路上开张，坐落在古老的西班牙城墙之内。这家餐厅的店主孙明权永远留在了意大利华人史册上。

孙明权和妻子陈玉华一生共生养了6名子女。

这些子女中，路易吉多年以来都是米兰华侨的领导，卡尔门则于1980年开了GIARDINODI GIADA（玉花园）餐厅，就在米兰大教堂圣母金像的脚下。

①②分别是：餐馆，长城。

当年向意大利人民敞开大门的LA PAGODA餐厅，如今由孙家象征性地继承。这份文化遗产的真正继承人当然还是安提莉亚女士，她是这段历史的直接见证者。此后的年代里，她也敞开了自家的大门，依然作为米兰的甚至是全意大利的华人乐于登门拜访的一个著名地方。

胡玉红 HU YUHONG

胡克明 HU KEMING

胡克旭 HU KEXU

胡玉英 HU YUYING

创造自己的命运

他通过这条商路纵身一跃，
攀上了事业的高峰。

1963年，马里奥30岁。

他一直以来都有一个梦想

而且他知道就在那天、就在那架飞机上、就在那第一次飞往远东的旅途中，他即将完成一次与自己的命运面对面的约会。

他将自己仅剩的85万里拉全部投在了米兰、巴黎、东京、台北、香港的往返机票上。

BILLET DE PASSAGE
PASSENGER TICKET ①
ET AND
BULLETIN DE BAGAGES
BAGGAGE CHECK

EMIS PAR
IUSSED BY

AIR FRANCE②

MEMBRE DE L'I.A.T.A. ET DE L'A.T.A.F. · MEMBER OF I.A.T.A. AND A.T.A.F.

VOIR CONDITIONS DE TRANSPORT AU DOS DU BILLET ③
See conditions of Contract Page 2
Sirvase ver las Condiciones de Transporte pagina 3

10.374.110

①②③分别为：旅客登机牌及行李凭证；法国航空 IATA及ATAF成员；协议条款请参考背面。

女士们先生们，晚上好。

我们的波音707客机就要从巴黎奥利机场起飞，预计17小时50分钟后抵达目的地东京。

欢迎您选择法国航空公司，祝您旅途愉快。

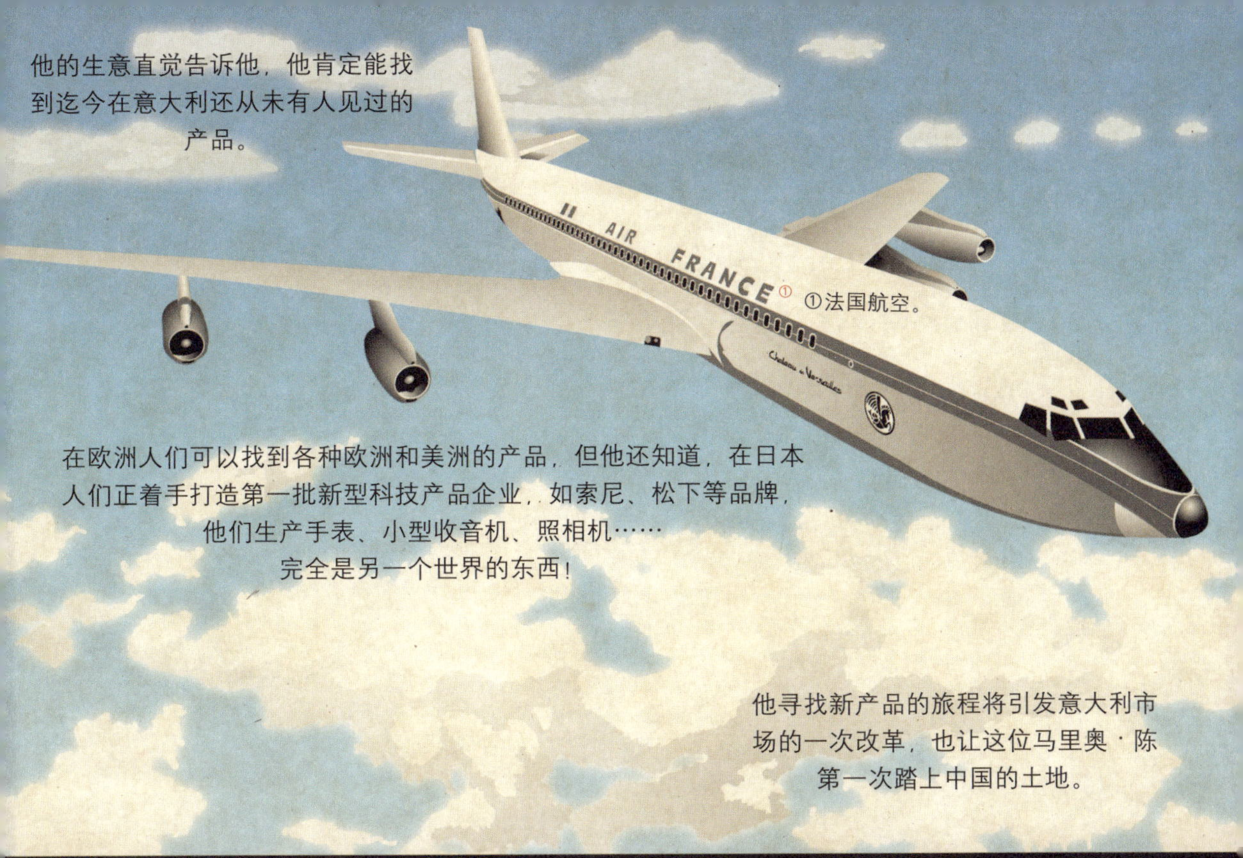

他的生意直觉告诉他，他肯定能找到迄今在意大利还从未有人见过的产品。

①法国航空。

在欧洲人们可以找到各种欧洲和美洲的产品，但他还知道，在日本人们正着手打造第一批新型科技产品企业，如索尼、松下等品牌，他们生产手表、小型收音机、照相机……完全是另一个世界的东西！

他寻找新产品的旅程将引发意大利市场的一次改革，也让这位马里奥·陈第一次踏上中国的土地。

请慢用。

我很激动！

陈玉廷

CHEN YUTING

Tschang Gnodin

贝特丽丝·萨拉
Beatrice Sala

他出生时，整个社区的人们跑到街上、在庭院里庆祝，持续了四天之久，因为他是华侨群体的第一个孩子，值得大肆欢庆一番。不过，随着年龄的增长，他离父辈的传统文化越来越远。

他以意大利人的身份出生、成长，与意大利伙伴来往，还娶了一名意大利妻子，工作的同事也都是意大利人，他经常和他们一起踢足球。

然而就在那一天，当他向着东方进发时，他想到了自己的父亲：几十年前，父亲应该也踏过同样的路线，只是方向相反。

飞机将他带到世界的另一边时，他是不是也怀着同样的冒险精神呢？

103

第一站：东京。

刚下飞机，马里奥和他的朋友兼翻译贾尼就被城市的灯光和色彩包围了。

他们还没准备好迎接这幅扑面而来的绚烂画面。

在那时东京已经是一座无限延伸的大都会了。

你以前来过吗？太壮观了！

是的，我来过，但每次我都会很震撼！

他们找到宾馆后匆匆留下了行李，然后就马上出发，奔向一个大型百货商场。

在意大利，人们使用的铅笔都是木质的，需要经常削一削。但在日本，人们已经开始使用铅芯可以随需要伸缩的自动铅笔，完全不用费心。

怎么一个直到昨天还在销售盘子和厨具的人，现在却突然热衷起文具来了？

你理解不了……

这些东西会改变我们整个的书写习惯！

那时，意大利使用铅笔来涂绘红色蓝色……

日本却已经有144种不同颜色的记号笔，用水和酒精制成，能够永远保留笔迹。

104

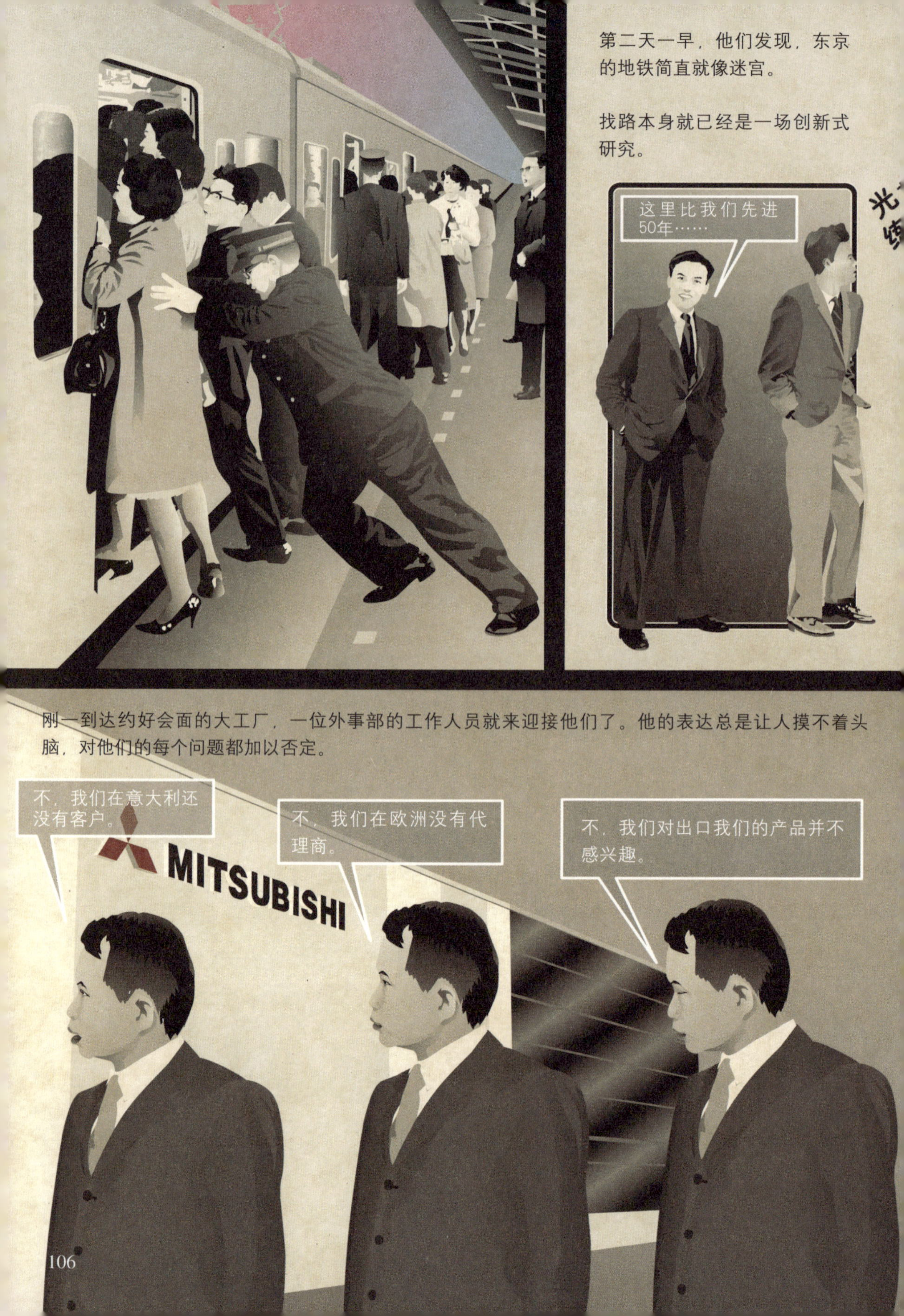

第二天一早，他们发现，东京的地铁简直就像迷宫。

找路本身就已经是一场创新式研究。

这里比我们先进50年……

刚一到达约好会面的大工厂，一位外事部的工作人员就来迎接他们了。他的表达总是让人摸不着头脑，对他们的每个问题都加以否定。

不，我们在意大利还没有客户。

不，我们在欧洲没有代理商。

不，我们对出口我们的产品并不感兴趣。

MITSUBISHI

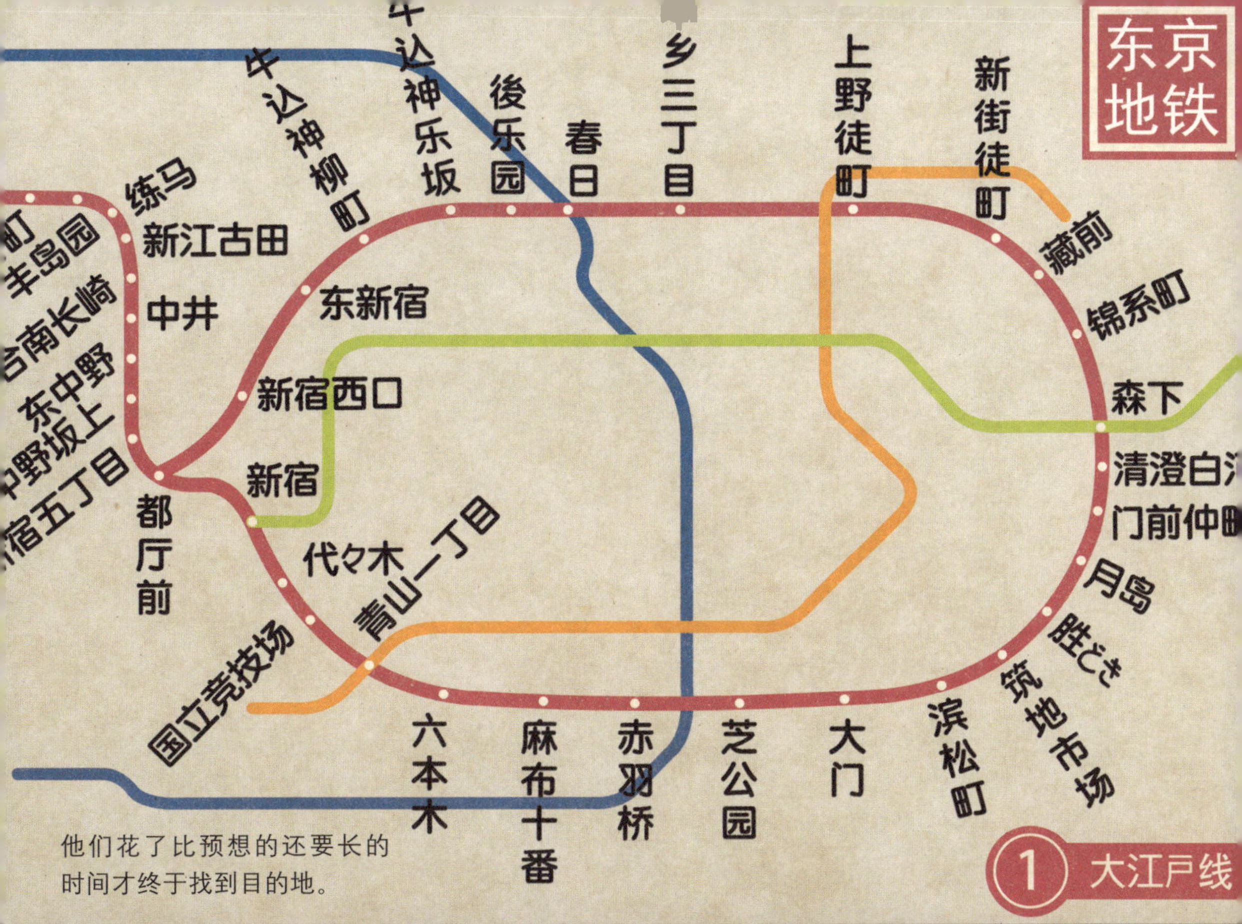

牛込神乐坂
后乐园
春日
乡三丁目
上野徒町
新街徒町
牛込神柳町
练马
新江古田
中井
东新宿
新宿西口
新宿
都厅前
代々木一丁目
青山一丁目
丰岛园
台南长崎
东中野
中野坂上
宿五丁目
国立竞技场
六本木
麻布十番
赤羽桥
芝公园
大门
滨松町
筑地市场
胜どき
月岛
门前仲町
清澄白河
森下
锦系町
藏前

他们花了比预想的还要长的
时间才终于找到目的地。

① 大江戸线

他们在银座的购物商城里看到的商品都太贵了，无法买来作为样品。马里奥因此有
些泄气。他想，他可能就要错失这次良机，他正在将生命中的一次转折机会永远地
丢在日本。

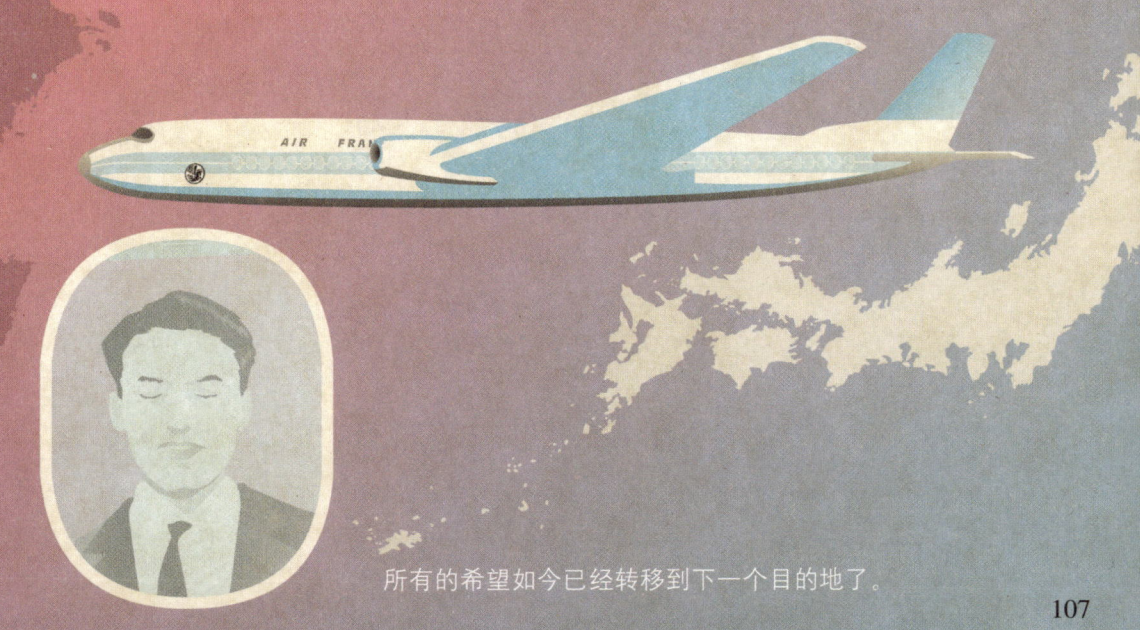

所有的希望如今已经转移到下一个目的地了。

白台公司的访问旅程非常令人失望。他们的价格很有竞争力，但铅笔和纸制品的质量根本无法达标，显然不能满足欧洲市场。

要不是那盒包装相当劣质的彩色蜡笔，这次参观可以说是彻底无功而返了。

王先生，我很遗憾，在意大利您的产品不会具有足够的竞争力。我正寻找的是像我在银座百货商场看到的三菱铅笔那样的新产品。

您可不可以既引进他们的货，又引进我们的？

当然！

您看啊……他们不能在台湾注册外资企业，所以三菱铅笔为了能进行低成本生产，成了我们的合伙人，但只进口一些特定的产品。

就这样，王先生拿起了电话，彻底改变了马里奥·陈的一生。

早上好，曾原先生。我希望您与现在就在我对面的马里奥·陈先生见一次面。他不久就要回意大利了，但明天可以到东京短暂停留一段时间。他希望能在意大利代理您和我们的商品。

其实马里奥本来还应该去香港，但已经不重要了。何况此时他连返东京的机票钱都没有。

我明天早上应该可以见他。如果你们能将所有的信息都发给我的秘书，我明天就派一辆车去机场接他。

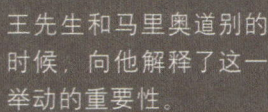

王先生和马里奥道别的时候，向他解释了这一举动的重要性。

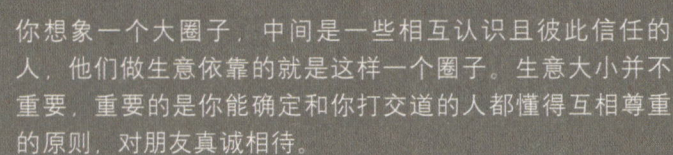

你想象一个大圈子，中间是一些相互认识且彼此信任的人，他们做生意依靠的就是这样一个圈子。生意大小并不重要，重要的是你能确定和你打交道的人都懂得互相尊重的原则，对朋友真诚相待。

在这个圈子外，有大量的人可以给你提供任何你想要的，甚至有一些人最后也能融入这个圈子。但是，如果没有人从内部帮你打开大门，与外界的接触就根本不能实现。

我就是这样为你打开了大门，你是否能留在圈子里，完全取决于你的诚意。

關係網

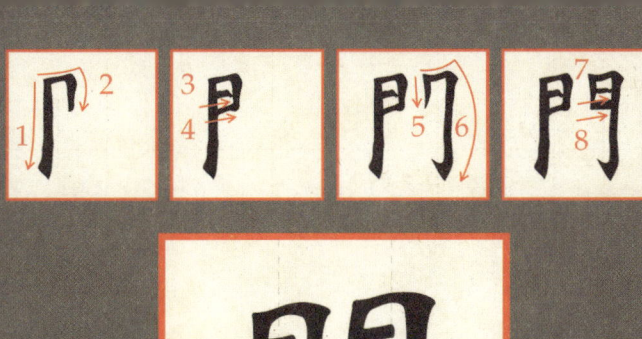

PORTA MEN

門臂門門門門

最后，贾尼解决了机票问题。

在东京的机场，有人拿着写有他名字的纸来接他们。

MR.
MARIO
TSCHANG

马里奥·陈先生

111

高尔夫球

一辆车首先将他们载到了高尔夫球俱乐部。三菱
铅笔的社长数原博士和商务经理椎名先生在那里
等着他们。

他们只问了马里
奥一个问题。

陈先生，您在文具方面已经
有很长时间经验了吗？

113

这样的大事当然要庆祝一番。

再给我点儿时间，我一定能习惯……

当然了。这里就是另一个世界！

歌舞佳宴的氛围包围着他们。生意做成了，他们应该暂时享受一番。

按照日本的传统，一天紧张工作下来，人们都会到居酒屋（小酒馆）去，在那里吃些东西，喝点清酒，摘下疲惫的面具。

马里奥需要再次返回台北，向帮助他们签下彩笔生意的王先生道谢，然后前往他们的最后一站：香港。

不好意思

在这里，他父亲的家族企业为他找来了很多能够带回意大利的小物件。其中也包括宝丽来相机和索尼半导体收音机。

通过这次旅行，马里奥实现了最初的梦想，将一些从未见过的商品带回了意大利。与此同时，他还将另一项非常伟大的成果带回家中。

他开辟了意大利与东方之间的商路，尤其是与中国香港、中国台湾、日本的联系。在即将到来的几年中，他通过这条商路纵身一跃，攀上了事业的高峰。

他原本只是流动商贩，在市场上贩卖厨具；然后成为一家在社区里制作相框的手工作坊的代理人，因需求量的迅猛增长而不得不扩大规模，雇用更多人手；此后，他又代理了很多大型家居用品品牌，一步一个脚印，逐渐改变着一些家居用品的销售模式。

1967年，他创办了OSAMA公司，彻底变革了意大利人的书写习惯。

第一位女性华侨

就是有这样的女性，
所有事业都能做到最好。

CHINA
Woman

女华侨

第一个闯进意大利的中国女人

陈玉华
CHEN YUHUA

Anna Chen

陈玉华是一位极有远见的女人。她不仅迎面直击逆境，而且从容地渡过艰险，每次都能实现自己的梦想，永远保持着自我精神。水会随着承载水的容器改变形态，陈玉华也深谙这一道理，此起彼伏的政治波澜多次颠覆了她的生活，但每次她都能适应。她总能在正确的时间做出正确的选择，尽管有时连她自己都不清楚这一点。当然，这些并非源于女性特质，重要的是，她的故事为我们讲述了为何直到华人移居意大利30年后的1960年才真正迎来了第一位女性华侨，而且只身一人，将丈夫和6个孩子留在了中国。所以，她当然不是一般的女人。

陈玉华于1921年生于青田县叶山村的一个移民家庭里。

鹿特丹
LUTEDAN

叶山村
YE SHAN CUN

宾馆

她的外祖父王志男是家中第一位远行的人。20世纪初期，他到了欧洲，开了一家宾馆，供鹿特丹的海员们休息停留，生意做得小有成就。

123

接着，她的父亲于1923年出发，母亲于1935年紧随其后。只有14岁的陈玉华必须负起妈妈的责任抚养只有3岁的弟弟，照顾年迈的外祖母。

就在这段时间内，她认识了住在邻村孙山的孙明权并与之相爱，二人于1938年成婚。

抗日战争取得胜利，丈夫于1945年被派往杭州工作。陈玉华没有随他一起，而是带着两名大女儿奔赴温州。她靠着父母从荷兰寄来的资金，在距离城市很近的地方买下了几亩土地。

1951年，个人资产法整体改革，陈玉华将所有资产都贡献给了国家，她成为爱国主义代表。

那几年，中国在推行教育机会平等政策，鼓励女性接受教育。于是，陈玉华重新开始上学。

1957年，她作为温州代表受邀参加了中国妇女第三次全国代表大会。因为她一直以来都战斗在最前线，帮助家乡的妇女争取财富与接受教育。

其实早在前一年，她就开始忙碌着在温州建一所中学，让海外华人的子女也能够在此学习。为此她曾向所有父母在国外的女性请求捐款，并最终实现了目标。

第二年，她又开办了一家服装制作工厂，为超过200名女性提供了工作机会。

中国妇女第三次全国代表大会

到了1959年，她决定启程去荷兰投奔双亲，于次年从荷兰转到意大利，更精确地说到了博洛尼亚，因为已经有一位叔叔在那里定居。

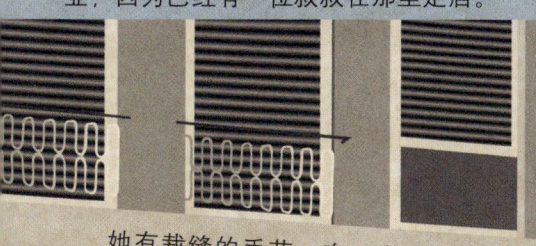

不过叔叔很穷，所以她马上就开始了工作。

她有裁缝的手艺，在一家皮包制作作坊里找到了工作。每天剪呀、缝呀……仅仅过了两年，她就成功开办了自己的小作坊。

①—④分别为：工厂，皮具店，箱包，安娜·陈。

不久之后，她又在菲拉雷瑟路上开了一家极具历史意义的商店。

在欧洲的这三十年里，我不断预知自我，忍受痛苦；一直以来想必都只能做家庭主妇，但我偏要像个男人一样，外出、奋斗。

陈玉华 A. Chen

1963年，她的丈夫与三个儿子也来到博洛尼亚。当时还没有哪个家庭能够在此团聚，而陈玉华一家只有三个女儿留在了中国。他们需要钱，需要工作居留许可。陈玉华又增加了工作的时间，并且将一小部分财产存了起来，然后转居米兰。长城饭店开张是在1974年，这是第一家由中国女性经营的中餐馆，新中国的子女经营的第一家餐馆，逐渐成了中国外交使节的一处必经之地。

目标实现了，陈玉华终于能够投入自己的爱好——诗歌中去了。1995年，陈玉华的一位朋友在她不知情的情况下将她的作品之一寄给了一个诗歌竞赛。最终，在超过两万名参与者的比赛中，她获得了第三名的好成绩。

诗 SHI

代表合影

就是有这样的女性，所有事业都能做到最好。

125

后记

"They were funky Chinamen, from funky Chinatown..."①

柴·洛基（Ciaj Rocchi）

2015年9月25日，将近两年前，图文小说《春秋》出版了，我们谁也不知道这本书的命运究竟导向何方。我们的编辑不知道，我们的亲人不知道，就连我们自己也不知道。

直到今天，我们在跑遍了全意大利，认识了许多那个时代亲历者的后裔之后，才终于能够保证，《春秋》绝对是一本超越自身价值的书，甚至已经不只是一个梦想。因为它让我们认识了一个新的大家庭，让我们选择了和他们一起共同走过这段旅程。

这一举动好像一个心理戏法，让早在一个世纪前就催生了家庭、事业的关系圈、朋友圈再度活跃起来。对所有这一文化遗产的直系继承人来说，《春秋》作为琼浆玉露，为最深刻的根系注入了新鲜养分，找回了曾经在这些祖先历史中非常突出却又不可避免地被时间埋没的集体感。

这时，再做一本关于意大利华侨的新作品的愿望就诞生了。《春秋》讲述一个人的故事，而《中国人》则试图讲述全部华侨的故事。就像阁楼上找到的旧匣子一样，里面装满了最早的意中家庭的回忆，将留给子孙后

① "他们是时髦的中国人，来自时髦的中国城……"

代最珍贵的东西——对时代的记忆封存起来。正如老照片、旧书信或古老的报纸剪贴集，《中国人》这本书也成了这一时代集体的象征与痕迹。

关于CHINAMEN这个书名需要详细解释一下：在历史上，Chinaman这个名词的用法五花八门，包括法律文件、文学作品、地理名词、歌曲、演讲稿，等等。有时，在不知道姓氏的情况下也会用于替代姓氏。上溯到第一批中国移民进入美国的年代，字典中"Chinaman"这个词并没有任何贬义，而是与"Englishman"（英国人）、"Irishman"（爱尔兰人）呼应的一种说法。"Chinese"这个词只是用来指代汉语；"Chinaman"，以及相对的"Chinawoman"则是用来指中国人，只有现代的美语词典中才会标注上有轻蔑的含义，其贬义其实来自对中国人及其他亚洲人的歧视现象。反之，在英语中这个专有名词就完全没有冒犯之意，而且为亚裔的文学家、艺术家用作自称。

1974年，卡尔·道格拉斯的热曲Kung fu Fighting[1]的第一句歌词就是"They were funky Chinamen, from funky Chinatown..."，而且显然这首歌并不带有歧视性。我们选择这个词作为标题主要是为了引起共鸣。我们希望仅仅用一个词作为标志来表达我们叙述内容的核心。首先，这些中国人都是男性。重塑真实存在过的历史中的环境与氛围、再现逼真的细节，这项工作极为庞大，需要从已经遗失的历史中复原出点滴残存的片段。我们通过这些家族的回忆，希望将米兰中国移民的前一百年历史重新唤醒，除了简单的历史尊严之外，还要还给他们更多东西。我们的目的就是首先要寻回他们原本的人性光彩，然后才是他们的中国人或移民身份。

---

① 功夫战争。

因此，我们要制作的就远远超过了一本传记小说：作品就是一部完整的融合体。连续数个月，我们都在用他们的视角看待世界，试图用他们的心境去体验一切，试图去理解除根源传统之外，他们又拥有了哪种生活方式，又是有哪些力量在推动着他们前进。在一张张照片中，我们逐渐能够认出每一个人，他们在我们眼中变得那样熟悉起来，在《中国人》的准备工作期间，我们甚至数度觉得仿佛与他们相见，或至少似曾相识。

对主人公进行的塑造工作又是另一项伟业。我们仔细研究了每一处细微变化、每一个眼神、每一道阴影。我们一直在试图还原真实。这项工作总是在我和马泰奥之间同时进行。他每晚绘制单独的插图，我则在白天将插图排版到整页内容中。有时这些插图实在太精美了，将它们限制在小小的一方空间里十分可惜，因为我们能从中看到每个细节，有的图片甚至应该占用整版篇幅。

第一章是关于吴乾奎的故事。他是一个生活在19世纪与20世纪之交的男人，他穿越了整个欧洲，纵横游遍了整个世界，最终到了美国，而后又返回中国，于1937年在祖国去世。他来自青田县的一个小村庄龙现，马泰奥的外祖父吴立山也来自这个村，吴乾奎其实就是吴立山的一个亲戚，很可能是他的叔叔。关于吴乾奎的移民历史记录很多，特别是直到今天还有两栋非常豪华的建筑以他为名。关于他的照片却一张也没有。我们就想利用马泰奥的面容来弥补这缺失的传奇祖先的形象。当然，他要剃光头、穿上清朝服饰，但面部的轮廓怎么看都还是马泰奥的，就好像在说……这一切的背后还是我！

这的的确确是一项宏大的工程。可能有时有些人能够完全平静安然地工作，但我们还完全没有体会过。当时米兰市政府联系到我们，问我们是否有兴趣参加一项"米兰世界城市—02号中国"的项目，去研究米兰的华人群体，然后将成果集中在Mudec①的展览中展示，我们都认为机不可失。然后我们采访了好几十个家庭，收集他们的回忆，试着将这些回忆组编成一个一体的故事，同时也进展着我们的形象学研究，再现当年见证了多姿多彩的移民生活资料的很多象征符号，由此我们为了展览复原了一些非常独特的东西：La Pagoda（宝塔）餐厅的大门，而且最后慷慨地送给了杜岩品的儿子罗兰多（Rolando Jang）；胡仲山于1936年来到意大利时身穿的传统服饰，多年来都由安提莉亚女士精心保管；一台来自克罗（音译，Kolù）的皮革厂工人的缝纫机，感谢弗兰克·琴托拉（Franco Centola）和尼科莱塔·卡尔迪纳莱（Nicoletta Cardinale）才得以问世；最后还有一个成套的旅行箱，曾经保存在吴立山的小作坊；以及一幅孙中山画像，出现在20世纪40年代、50年代所有中国人的庆典中。

　　我们可以利用的时间非常紧迫，而且此前我们已经制成了一部短小的卡通纪录影片，是首个讲述意大利中国人移民与融合历史的影片。但仅仅一部视频或一场展览远远不能像书一样传递信息，因此我们还是决定再制作一部图文书，最终将具象地承载我们所有的知识与见闻。

　　书中第二章，关于那些"疯狂"珍珠的销售商贩，是制作过程中最有趣味的一部分。我们通过研究《晚邮报》的历史档案，一天天地渐渐重构了这些中国年轻人从法国来到意大利的最初几个月的生活，包括他们住在哪里、吃什么、如何移动……显然在那个时代他们引起了一片喧嚣，报纸纷纷倾注大量注意力在他们身上。然而，在口口相传的事迹中，这一部分被人们遗忘了。我们所有人都记得另一些中国人，记得他们只售两里拉的领带，但谁也没有想起20世纪20年代轰动全世界市场的

————————
① 米兰文化博物馆。

130

珍珠项链。能够复原那个年代的米兰是件非常美妙的事情，当时它还是一座秀水环绕的城市，是欧洲大城市的一个缩影。

然后战争来了，带来了昏暗的法西斯年代。在进行有关这一主题的工作过程中，我们终于明白那段时期是如何被部分抹去的了。比如，我们从未学习过这些历史，学校里也没有教过。我们听到的总是纳粹集中营和游击队抵抗战争，但政府的课程计划中并未规定对法西斯二十年进行系统的学习。然而整整两代人都是在国家巴利拉组织，即当时法西斯青年军事组织的教育下成长的。当时意大利的中国人都是国民党员，这一点也尤其意义重大。20世纪30年代初期，中意两种文化看起来简直天造地设。似乎齐亚诺甚至曾怂恿蒋介石打造一个法西斯中国。但之后事情的进展方向发生了变化，意大利也是这样。

这一章节的撰稿还要感谢王薛芳的儿子维托里奥·林，他与我们进行了非常丰富而有建设性的对话；此外，还要感谢玛利亚格拉齐亚·孙、伊塔拉·吴、提琪亚娜·吴和阿德里亚娜·吴，她们秉承博洛尼亚人的美德，每次都对我们盛情款待。

到了最接近我们的20世纪60年代，我们终于能够直接邀请故事的主人公参与进来了。安提莉亚·特拉布奇·胡实在令我们印象深刻。这位女性有着无法想象的内在力量，而且能将其传递给周围的所有人。与她接触，我们被深深地吸引了，马上就爱上了她，不仅让我们找回了奶奶的感觉（我们那时已经没有了祖母），而且她更在我们心中成了敏锐与信念的典范，很难再找到如此强大的代表了。

于是安提莉亚和胡仲山的故事被单独列出了，按照只有爱情故事才有的叙述方式铺开。与此同时，马泰奥在夜间马不停蹄地绘制插图。用近乎神秘主义的说法来讲，他好像感到胡仲山在他的身后对他说："继续坚持吧，你现在所做的一切必将意义非凡！"

总之，这不仅仅是一本书，更是一场灵魂之间的碰撞。

马里奥·陈也是这样，这位男士至今仍然散发着魅力与力量。他教导我们，你的重要性或目前的地位并不能说明什么，因为最后永远是细节决定成败。他为我们上了一场人生之课，对我们来说，如此良师实在难寻。

结尾部分以陈玉华结束，她就是为人称道的第一位正式定居意大利的中国女性。在一段全是男性参与的历史中，她的形象一下打破了传统，将新中国形象也带入了意大利、带入了她的家庭。从20世纪70年代中期开始，她成了米兰和博洛尼亚华侨中最出众的人物之一。

所有这些故事都是日常生活组成的，是关于那些愿意留下存在痕迹的中国人和意大利人的历史。如果我们仔细思考他们留给我们的影像资料数量，那么或许我们就能够想象，他们开创的事业对他们来说有着何等重要的意义了。

照片是用来向他们留在中国的亲戚们展示成功的，同时也为未来世代留下了他们开创伟业的见证，而他们的子孙更是再创成就。

于是，为了最大程度地表达对祖先的崇拜，我们将他们的丰功伟绩记录在书籍、纪录片和展览中，与各个家庭、各大公共机构共同赞颂中意融合的百年事迹。

"...everybody was Kung Fu fighting..."
每个人都是功夫战士

来自浙江的米兰华侨一百年

MUDEC
Museo delle Culture

市长
Giuseppe Sala

文化助理
Filippo Del Corno

文化主任
Giulia Amato

艺术文化开发部主任
Anna Maria Maggiore

网络及文化合作办公室
Bianca Aravecchia
Riccardo Tamburini
Alessandra Cecchinato

Mudec行政协调人
Wanda Galbiati

Mudec保管人
Carolina Orsini
Giorgia Barzetti
Iolanda Ratti

Mudec技术办公室
Giuseppe Braga

《24小时太阳报》文化版Mudec负责人
Simona Serini

来自浙江的米兰华侨一百年
2017年3月15日—4月17日
MUDEC | 米兰文化博物馆

展览主办人
Daniele Brigadoi Cologna

展览动画纪录片、插图及艺术创作
马泰奥·德蒙特

研究团队
柴·洛基、Erica Valori、Chiara Prevital、Vanessa
Cirillo、Giulia Di Nallo、Maria Pollutri、Lucrezia
Goldin、Claudia Rocca、Davide Martinelli
展览协调|
网络及文化合作办公室
Bianca Aravecchia
Riccardo Tamburini
Mudec

Iolanda Ratti
Cristina Filippi

常务联系及项目管理、项目执行准备
RTI - Cheil、OC&M、inrete

沟通|米兰市政府
专业方向沟通
Alessandra Marcatelli
Biagio Minelli
Susanna Parisi

《24小时太阳报》文化版沟通
Sara Lombardini
Silvia Riboni

新闻办公室
Elena Conenna （米兰市政府）
Elettra Occhini （《24小时》文化版）
Francesca Negri （Inrete有限公司）

社交媒体
Marco Piccardi （米兰市政府）
Tiziana Leopizzi （《24小时》文化版）

翻译
米兰国立大学 孔子学院

运输
Crown Fine Art

大厅维护
Cecilia Pietroluongo
Elena Marchiol

资助
现代摄影博物馆
米兰国家档案馆
伦巴底大区AESS
市立历史档案馆及Trivulziana图书馆
米兰市立摄影档案馆
Achille Bertarelli市立报刊收藏馆
吴氏家族
Centola家族
安提莉亚·特拉布奇·胡
伊沃·胡
Rolando Jang

鸣谢
中华人民共和国米兰领事馆
世界城市论坛
米兰华人协会
Suping Huang
Sara Chiesa
Giulia Avogaro
Giorgia Barzetti
Marilù Manta
Benedetto Luigi Compagnoni

136

米兰国家档案馆
国家中央档案馆
《晚邮报》基金会
市立中央图书馆

文化博物馆于一年前新近开放，主要任务就是要保护与展示来自遥远国土的物质与非物质文化遗产，并让来自那些遥远世界的全部公民充分参与，发扬文化。世界城市论坛和世界城市组织两大机构由上百个代表社团组成，众多根植于米兰的国际团体从2011年起就协助并推动着行政活动的开展，Mudec通过两大机构打开了面向城市多元文化的持续对话渠道，并努力还原文化复杂性和文化丰富性，开展科研、历史考察及现状解读等活动。

"米兰世界城市"计划是由米兰市政府网络和文化合作办公室主办、Mudec协办、世界城市论坛成员参与的一项计划，旨在每年记录出现在米兰市内的不同国际群体的国籍、历史、到达方式、现存状况、融合程度等。

2017年的重点目标指向了中国及中国移民，其历史最为古老，而且在几年前还是米兰市最壮大的移民群体。米兰市政府和Mudec举办了"中国人·米兰华侨百年"展览，地址设在世界城市论坛活动举办地——哈立德·阿萨德纪念区。展览不仅重塑了华侨历史，更激发了人们的兴趣，为传播中国—米兰文化知识贡献了力量。

1906年的米兰世博会已经过去超过110年了，中国人就是于那时首次漂洋过海来到米兰的。中国展馆就建在水产养殖馆的旁边，水产养殖馆后来成了市立海洋馆。米兰"洋葱店城"中的房子价格亲民，都是有庭院的大众建筑风格，能让中国人忆起祖国家乡的菜肴香味，自然也就成了理想的定居地。我们谈论米兰华侨的百年历史，首先就意味着讨论米兰城、讨论米兰的发展，讨论它如何一步步"变大"、逐渐因注入的多元文化而受到人们的关注与赏识，以及从中产生的新的社会与人文纽带。米兰的历史就是米兰市民的历史。

菲力普·德尔科尔诺（Filippo Del Corno）

米兰市政府 文化助理

“中国人·米兰华侨百年”展览呼应了Mudec及当今时代各个文化博物馆的重要目标之一——提供多元视角、创新思维，不再从“旁观者”的远距离观察角度出发，而是以互相理解的眼光和尊重差异的融合为出发点，从中汲取营养。

米兰华人群体历史要从20世纪20年代讲起，这段历史相当复杂，人们对其各个细节方面都没有足够深入的了解，甚至可能从未有亲历者直接讲述过。2016年至2017年的“米兰世界城市”计划重点面向中国，虽未奢望全面详细地挖掘这段历史，但的确希望能将此次文化交流转变为一种研究方式，复原一些历史阶段，既重视官方资料，又利用非正式的故事、公共或私人档案，为历史叙述留出空间。

为此，中国文化学者Daniele Brigadoi Cologna（高龙亶）和艺术家马泰奥·德蒙特携手编撰了《中国人》（*Chinamen*），并由Mudec网络与文化合作办公室负责协调。强强联手注定了这是一次非同凡响的绝佳机会，推动了一场科研与艺术创作的交流活动，成果丰硕，方法多样，从一手事件人物考察，到严谨的阅读资料分析，还有实地研究，让年轻学者与米兰初代华侨或其后代有了一次互动的机会。

因此，这场展览就是通过展示书信、文件、相片及过去甚至近几个月收集来的物品，来还原这场带有分享性质的研究工作。

不仅如此，如果说每个博物馆的主要核心都是其拥有的财产的话，那么Mudec从计划建设之初就已经十分明确，要将接触和阐释这些藏品的中心放在其跨学科性以及一切都面向当代文化的开放性上，展品包括视觉艺术、设计、音乐及即兴互动表演等。马泰奥·德蒙特制作的动画纪录片中的部分内容收集到了《中国人》这本书中，完美地呼应了这一意愿。艺术家用来观察与叙述米兰中国移民的透镜本身就构成了一种独特的着眼点，意义重大，在这样一个精致、充满智慧的作品中化身成型。在制作过程中Mudec也做出了贡献，并最终购买了作品作为永久藏品，Mudec以此为荣，感到十分骄傲。

朱莉亚·阿马托　　　　　　　安娜·玛利亚·马焦雷
（Giulia Amato）　　　　　　（Anna Maria Maggiore）
临时专项主任　　　　　　　　专项主任
Mudec现当代艺术部　　　　　艺术产品开发与保护
米兰市政府　　　　　　　　　米兰市政府

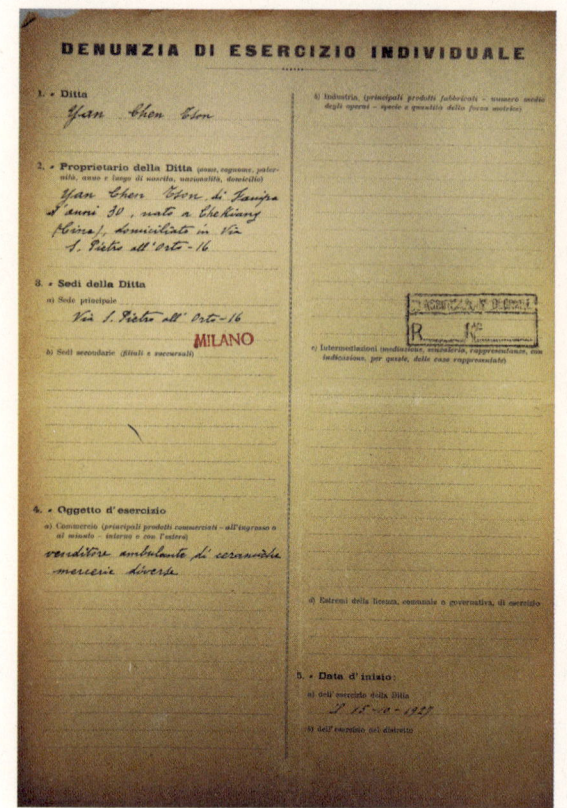
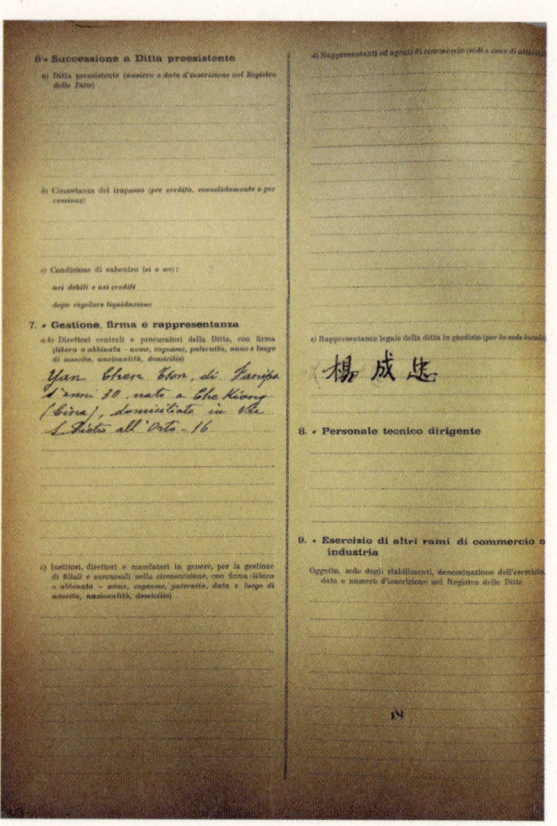

提交到米兰商会的首张中国商人的个人经营活动申报单，申报人叫杨成忠，注册类型是陶瓷及各类服饰商品流动商贩。1927年10月，他居住在市中心圣皮耶特罗路16街区一个房东的出租房内。
来源：米兰工业，手工业，农业商会档案。

米兰华人一百年

高龙霤（**Daniele Brigadoi Cologna**）

Insubria（英苏比利亚）大学

◎项目与展览

"Chinaman"这一名词曾被欧美国家专门用来称呼那些于19世纪左右零星分散在世界各地的中国人。那时欧洲列强帝国主义和迅速扩张的年轻美国在这些地域内铲除森林、建造种植园、开矿、修造铁路，以及从宏观意义上讲消灭当地人口、社会和文化。如今这个名词带有些许殖民意味，甚至很多中国人认为它具有侮辱性。不过这个词也算是一种反映，为我们还原了初代华人移民的一种视觉形象，有一点悲剧色彩，如此远离先祖生长的土地，但初次露面便令人震惊不已。他们几乎全部是男人，因为20世纪前期还很少有女性移民到西方国家。

这些中国人掺杂在外国人——"番人"的汪洋中，"番人"这个词的寓意至今在青田方言中仍然能唤起西方人带来的那种不可避免的怪异与差距感。作者选择了如此一个满载着失衡与发散的模糊感的词汇，是期望将意大利历史上被遗忘的这一章能再次嵌入整个欧洲及世界华人移民故事中。因为在意大利第一批中国人几乎都是男性，对他们形象的描绘也都表现着同样的自满、同样的天朝上国优越感，夹杂着殖民者的父权主义与异域的梦幻，当时所有西方世界的报纸都在谈论他们。同时也是因为披着"Chinaman"的外衣就能意外地从传统束缚中解脱出来。这意味着外国的中国移民要重新建立一种社会身份，即"华侨"：国际化、独立性、闯荡的勇气。他们有着这样一个形象：身着合体的西服、头上斜戴一顶费多拉帽、姿态和语言根据经验精心润饰，在新社交圈内越来越得心应手，首先解决生计问题，然后一步步实现自身的社会价值。

文化博物馆和米兰市政府网络与文化合作办公室在"米兰世界城市—02号中国"活动的背景下在多个领域内共同推动了一系列的创新项目，每年都与世界城市论坛联手，面向米兰最庞大的国际群体——Chinamen。米兰华人百年活动是一个十分复杂的项目，分为一本纪录性质的图文小说（即本书）、在华人社区街道举办的公共艺术展（由米兰科迪奇Codici研究与活动合作团队主办）、一部动画纪录短片（也是由柴·洛基与马泰奥·德蒙特制作的）以及2017年3月15日开始，由米兰文化博物馆组织的一场展览。这样一场集中展示不仅需要作者多年的努力研究，同时也是一个集体研究的成果，包含米兰大学交流院（埃丽卡·瓦罗里Erica Valori、基娅拉·普雷维塔利Chiara Previtali、瓦内莎·奇丽罗Vanessa Cirillo朱莉娅·迪纳罗Giulia Di Nallo、玛利亚·博鲁特里Maria Pollutri）与英苏比利亚大学法律、经济与文化系（卢克莱齐娅·戈尔丁Lucrezia Goldin、克劳迪娅·罗卡Claudia Rocca、达维德·马尔提内里Davide Martinelli）的年轻学生团队的宝贵贡献。他们协助了照片、文档和收藏品的修复工作，让中意少数群体的起源得以揭开神秘面纱，同时也在图片记录方面给予了很多帮助，以严谨的态度为柴和马泰奥的图片、动画提供信息。年轻研究者为档案所做的工作，以及在"洋葱店城"历史区所做的田野调查，极大地推动了保存在米兰公共或私人档案中的重要影像文化遗产的价值实现，同时也加快了近些年在各个国立档案馆中复原的珍贵记录资料的公开进程。这一成果还要归功于首次移民潮亲历者的后代与亲戚，如今他们已经是第三、四代后裔了。通过这些档案，一条米兰群像的特殊历史纽带脱颖而出，其中的主角一般都有着卑微的社会身份，但他们知道如何编织出坚实的情感、友谊和生意网络，并不过度在意各自的民族、语言和文化差异。这些命中注定的不可思议的人群展现出难以想象的坚忍不拔，获得了无数成就，曾经是、现在更是米兰最古老的外国人群体中最真实的核心存在，除此以外，还能有比他们更能代表这座城市最淳朴精神的见证吗？

◎ 从浙江到欧洲

港口城市温州的内陆是一片多山的地带，坐落于中国浙江沿海地域的最南端部分，出生于那里的人们从19世纪末就开始以一定的频率造访欧洲大陆的一些国家了。不过直到20世纪前二十几年，来自浙江南部的中国商人才开始陆续参加国际展会，并为了寻求与欧洲稳定的贸易关系开始在一些欧洲城市组建小型集体的长居场所。如阿姆斯特丹、鹿特丹、马赛和的里雅斯特这样的港口城市，或是莫斯科、柏林、巴黎这样的大都会，为某些初代移民提供了充当中间人的机会，帮助那些想要以他们为模范的亲友同乡在欧洲寻找良机。这些第一批浙江移民起初主要都是做流动商贩或海员，其中一些工作环境后来起到了扩大这张移民网的作用，让他们长久以来一直能够保持着流动性，尽管偶尔有一些暂时的中断，但总的说来顺利延续至今。

将移民的所有先驱以及来自更小村镇的后继者全部算上，我们可以只用一个直径五十公里多一点儿的圆就将他们的家乡村镇整整覆盖。起源的这个地带围绕着山脉延展，将瓯江与飞云江相隔，也包括了一些在边界上零散分布的小村庄，分割了如今丽水市青田县与温州市辖区的文成、瑞安与瓯海。

从历史上看，我们可以认为青田县就是移民大潮的起源地，尤其是民国时期（1912—1949）设立的青田县。为了更好地理解究竟为何中国现代史上重要的国际移民潮之一发源于这样一个偏远的中国农村地带，我们首先需要考虑到这片土地上的历史特色生产资源之一——叶蜡石矿。这些石矿分布在山脉中，分隔了四都乡（Sidu）和方山（Fangshan）两条山口附近的瓯江支流。这种矿石在中国以"青田石"而闻名，很多世纪以来都是中国工匠所偏爱的石材，因为有着极高的审美价值与可塑性。青田石的表面十分致密、光滑，手感温润如玉，但远比玉石质软、易加工，因此从明代开始就是理想的印章雕刻艺术原材料。这些来自边界山谷中用青田石制作雕刻品的石匠手艺十分精湛，让这些手工制品的商业传播越发广泛。整个欧洲帝国主义时代，都弥漫着对异域物品的热情，一些青田商人抓住良机，从19、20世纪众多商业展会中展示的中国商品中专门挑选了青田石小雕像和摆件进行推销。初代移民中的一些华侨最初就是作为中国工艺品流动商贩在欧洲开启事业之旅的，可能在出发前就拥有一小批青田石物件存货，以便销往海外，保证至少拥有起步的资本。此后，他们也开始通过当地批发商进行其他种类商品的供货业务，从一种商品过渡到另一种商品，从一个市场转移到另一个市场，直到整理出一条手工或商业流水线，然后能接触到一些高端经济人群，这样就可以为同乡亲友提供富足的生活，并且也来欧洲投奔自己。

从历史的角度看，浙江南部的移民行动无疑是中国大陆向欧洲进发的最重要的迁移行动。此外，也有一些移民可以从民族、语言和文化方面定义为"来自中国"，但实际上他们在到达欧洲国家之前已经移居到了其他不同国家。这些移民的行为或许在一些欧洲国家，如英国、法国、荷兰和葡萄牙等，具有纯粹数字性的重要性。上述这些实际上都是在历史上拥有亚洲或美洲殖民地的国家，而这些殖民地在此前就已经有了重要且历史悠久的华人群体，如法属印度支那、荷兰的东印度和西印度公司、马来西亚的英国殖民地、新加坡和香港地区，等等。第二次世界大战后期，饱经折磨的非殖民地化过程为已经在东南亚扎根了数个世纪的中国人带来了毁灭性的灾难，因此在此期间或非殖民地化过程后，大部分来自这些殖民地的华裔移民都迁居到了相应欧洲帝国的大城市周边。

而意大利自然而然就成为这些来自中国大陆，尤其是浙江省的移民大潮的主要目标之一。虽然并不是第一个被移民行为涉及的欧洲国家，但意大利如今已经成了中华人民共和国移民数量最多的国家，最后一次人口普查（2011）显示，在全部分散在欧盟28个国家的826 095名中国人中，将近四分之一（197 064人，占全部的23.8%）居住在意大利。大部分人都来自少数几个县城，四个世代以前他们的祖先也是从这些地方启程，成为20世纪初第一批移民，而如今的新一代仍然与先祖结成的人群关系紧密。

◎**国际展会的重要性**

大概最初吸引青田县移民来意大利的契机就是1906年的世博会了，当时中国皇家代表团也受邀出席。没落中的大清帝国只申请了一个小小的渔业展馆，虽然引起了人们的好奇，但同时也不乏讽刺的声音，如《信使报》于1906年8月20日就已表示担忧："奇怪的黄色危机形态：欧洲被炸鱼侵袭了吗？"，而一些青田商人在经历了法国巴黎和美国圣路易斯世博会后，最终在米兰世博会向全权机构对意大利的访问之旅提出投诉，称在这些展会期间中国人经常被不严肃、不尊重地对待。第一阶段最著名的移民之一就是吴乾奎，他来自方山乡的龙现村，于1905年至1906年造访比利时和意大利，推销自己的商品（青田石小雕像和名贵绿茶）。像吴乾奎一样的人，他们亲手编织了商贸关系网，比如与意大利进口商签订合约、引进中国和日本的特色商品，然后将米兰列入未来同乡移民可以落脚的城市名单中。10年后人们也看到，这些与展会密不可分的联系也让青田县华人的命运与所谓的"洋葱店城"连接在了一起。这一地区是紧邻沃尔特门的城郊聚居区，历史上是连接城市与郊区的锁链。这里集中了很多小型手工作坊，还有带凉台的公寓，沿着整个区域的中轴——卡诺尼卡路分布，过去属于圣三一教区范围。这个地方距离世博会和之后其他许多展会的举办地森皮奥内公园只有几步之遥，非常便利，因此对于奔波经商的人们来说是个舒适的落脚点，可以轻松寻觅到住所与伙食，而且价格低廉。

◎日本、法国、意大利

世界大战标志着中国与欧洲之间越发兴旺的商业联系戛然中断。如果从欧洲角度解读中国移民，就要追根溯源到当时向法国英国输出的数量可观的中国工人，他们中的一部分到工厂做工，替代被征兵到联盟军的本地工人，或是分配到西部地区做挖掘战壕的人员。这些来到英国法国数量超过十万的工人中，绝大部分都是山东籍的男人，来自青田县的只占很小一部分。实际上，前往欧洲的浙江移民潮流在中国小分队参加联盟军力量（尽管并非参战国）之后不久才开始。第一次世界大战期间，年轻的中华民国经历了一段相对经济增长的时期。在欧洲列强忙于相互残杀的同时，中华民国却有了商业资产阶级的萌芽，尤其在主要东方沿海港口城市，商业活动非常活跃，商贸网络越发密集，先是与日本，然后是与不断扩大的经济影响圈内的地区，包括五十年前与帝国相接壤的台湾地区与韩国。韩国人和中国人大量涌入日本，主要作为廉价工人和劳动力，但中国人中也有一小部分是青田县出身的流动商贩。20世纪20年代，他们主要贩卖雨伞和中式工艺品，似乎对于他们来说这些就是亚洲实现现代化的具体表现。

很多青田人在20年代初期首先来到东京开始他们的移民生涯，然后在接下来的几年中扎根于意大利。实际上此后日本之路很快就遭受了一系列的摧毁，一次比一次严重。1923年的关东大地震，标志着从青田向日本移民之路的终结。震后一系列的火灾比地震本身造成了更多的损失和伤亡，对家用炉灶安全缺乏重视所造成的打击也牵扯到了大量韩国佣人。紧接着就是一场严酷的大屠杀行动，所有外形看起来不够日本，或持着一口外国口音的人都遭到了封杀，因此就连来自青田与温州的中国人也付出了代价，造成了一次中国与日本之间的严重外交破裂。两国关系在《凡尔赛条约》之后越发恶化，条约将德国在山东省的殖民地转交日本，并将中国北方归属在日本的势力范围内，两国关系相当紧张，并在接下来的几年里愈演愈烈。所有的中国人都返回了祖国，但其中很多人其实才刚刚踏上移民的艰苦旅程，为此做出了巨大的牺牲，背井离乡，因此很难接受必须两手空空回家的决定。

项链首饰的流动商贩，1926—1928
来源：米兰公共影像档案馆

150

◎假珍珠、领带、皮制品

1925年至1926年，一家总部设在上海、子公司设在巴黎的专营人造珍珠的法—日—中商贸公司为了开拓欧洲市场而雇用了大量的商业中介，于是数百名青田人向着法国起航，其中有很多人都曾经是日本华侨。可能是因为在法国合法流动经商受到限制，1926年2月至3月期间，很多人又集体迁移到了意大利。正如当年报纸媒体描述的那样，这次珍珠商贩的"入侵"才真正标志着浙江南部移民进军意大利的开端。此后20世纪的每次移民潮，在某种程度上都和那些在历史上首先发起移民的人们有关，直到2010年，尽管人数持续减少，但前往意大利的移民也还是来自同样的那几个乡县。20世纪20年代的最后几年，米兰的档案馆中也开始出现了第一批有关中国公民的记录：居留声明、流动经商许可、首次私人经营申报……还有假珍珠流动商贩的第一张照片，如今保存在米兰公共影像档案馆中。柴和马泰奥在插图中已经讲述了，珍珠商史无前例的成功让他们与公民权利机关的关系紧张起来。他们被指控有不当竞争行为，甚至被怀疑是为莫斯科服务的布尔什维克间谍。这些珍珠商人被不断地疏散，30年代初就只在都灵和米兰剩下了寥寥几个核心人物，不过米兰也与此同时开启了一个新的阶段。珍珠生意受欢迎的阶段走到尽头后，有胆量的流动商人开始从意大利批发商手中进货，贩卖领带、女士肩带、皮带、针织衫和其他百货商品。卡诺尼卡路上那些早在二十年前就已经出租的有凉台的公寓又重新利用起来，形成了一个小型流动商贩聚居地，帮助了他们之后向整个意大利北部各大展会市场进发。就是在这样一种充满艰辛的小人物聚集的环境下，这些人怀着梦想从自己的乡村出发到了大都会的边缘，其中一些人成功追求到了年轻的意大利女工。第一场意中婚姻于1934年结合，此后便源源不断地涌现出跨国情侣、婚姻甚至是全家福，成为当地社区最重要的摄影师司徒迪奥·托里尼的固定记录内容。

20世纪30年代期间，有很多前流动商贩转行经营起了十几家小型手工作坊，加工直接进货的材料，然后将沿途销售工作委托给中国的同伴，于是引发了第二波移民潮，也是首度以意大利为确切目的地的移民潮。所谓的南京"黄金十年"是中国一段政治得到巩固、经济活跃发展的时期，尤其是在江南各省，包括长江下游及海岸线。这就为向欧洲移民带来了新的动力，实际上1940年出现在意大利的绝大部分中国人都是此前于1932年至1938年首先到达英国的。从与意大利成品批发商合作，到与意大利半成品批发商联手，这一转型正是因为中国人与意大利男女工人建立联系而产生的，他们最初为当时主要从事经商活动的中国人带去了必要的手工制作手艺，而且经常提供能让事业顺利起步的重要人际关系。一个小型领带生产工厂，或是皮革制品工厂附近，常常环绕着一圈相关产业链，包括设备供应商、纺织厂、五金店、设备维护维修厂、洗衣店、熨烫店……所有这一切都同时存在于一个社区内，有时甚至就在一个院子里。这十年的前五年，第二次世界大战还未打响，意大利和中国之间的国际关系非常亲密。当时的媒体在文章中经常提到勤奋的米兰华人社区，在一贯的讽刺与怀疑态度中通常也会对中国人能够融入米兰的社会环境这一点流露出满意之情。不过就算这些"小中国人"能引起人们的好感，描述他们周折经历的口吻也通常带着讥笑，而且永远明显体现出与本国人有本质差异的特点，一点点逐步向种族意识高涨的法西斯时代靠拢。同样在那几年中，《晚邮报》刊登的文章开始采取挖苦的语调来评论米兰的中国人，尤其打着"种族保护"的名义痛斥跨国婚姻。"洋葱店城"好像几乎已经和那里的中国人紧密结合在一起，他们通过自己的工作和友情、爱情关系，开始与周边邻居、扩展的新家庭建立起稳固的联系。

◎意大利华人在集中营的拘禁生活

从1940年5月20日起，内务公共安全部总领办公室要求，意大利王国各行政区要清点外国公民，因为意大利随时可能与德国纳粹并肩参战，非意大利籍公民可能会被定义为"来自敌国的国民"。在可能成为敌国的名单中，中国也包括在内，被清查的共有431名中国公民，主要定居在米兰和博洛尼亚，此外还有人口相对较多的群体分布在都灵、的里雅斯特和那不勒斯。1940年6月，意大利正式参战，中华民国的"敌国"身份仍然不是很明确。从一方面来讲，意大利在1937年11月与德国和日本签署了《反共产国际协定》，因此意中两国关系大幅冷却。但从另一方面来讲，意大利并没有直接利益促使其破坏与蒋介石政府的外交关系，同时也是为了继续维护在中国境内仍然在名义上或实际上归属于中华民国的区域内，本国方面的外交与经济使节（以及活跃在中国的意大利公民，如天主教传教士）。1940年9月27日，《三国同盟条约》的签署标志着罗马—柏林—东京中轴的诞生，无疑让居住在意大利的中国公民处境堪忧，可能最早于9月开始的几次大范围清扫活动也并非偶然，尤其是1940年9月20日和10月3日发生在米兰的行动，导致41名米兰华人遭到拘禁。与蒋介石政府外交关系的彻底破裂直到1941年7月22日才正式确定，那时意大利与德国正式承认了汪精卫政权（1940年3月30日定都南京），但直到中国对意大利、德国和日本宣战后，居住在意大利的中国公民才正式被划分为"敌国国民"。不过根本上的模糊性仍然存在，因为尽管这些公民仍然持有前任政府发放的护照，但大部分这些华侨都来自中国的同一地区，而这一地区名义上仍然属于由罗马承认的汪精卫伪政权。因此，意大利对他们在参战前采取的政策其实是带有预防性质的，也就是说随时可以快速执行遣返政策，就算条件不允许，那么也要确保这些中国公民处于严密的监控之下。几乎就在强化拘捕令的同时，内政部就又发布了拘捕令的限制令，只拘禁那些"没有固定居所、没有明确收入来源证明，或因不同理由被认定为具有危险性的中国公民""目的是避免中国采取对抗我国外交使节的报复政策"（引言来自1940年10月8日内政部第443/85845号通知）。此外，根据1938年4月14日内政部第443/58093号通知，如果因治安措施而拘捕中国公民及针对中国公民提出拘捕请求，其拘禁情况一定要向领事机构汇报。

1940年6月10日，意大利对法国、英国宣战。宣战那几天中，意大利南方一些省份和位于前线的一些省份（库尼奥、戈里齐亚、热那亚）开始在自己的领地内对中国公民执行拘捕行动，将他们发配至市政管辖的边境地区，或是在证实了因英国海军封锁而无遣返可能的情况下，将他们关进集中营内。1940年，共有137名中国公民被逮捕及拘禁，大部分是在米兰（从9月20日至10月3日，不到两个星期就有45人被抓）、罗马、那不勒斯、的里雅斯特、特雷维索、波拉遭到围捕，搜捕的高峰集中在9月，因为《三国同盟条约》在9月签订。此外，值得一提的还有1941年7月，意大利那时正在准备承认汪精卫的亲日政权，与自由中国的外交关系即将破裂。一个新的逮捕与拘禁阶段开始，这次主要牵扯到都灵以及的里雅斯特和热那亚的港口地区，这些地方的小型华人群体主要是在往来于欧洲与东方之间的汽艇上做工。起初启用的主要是阿布鲁佐大区的托西恰（很长时间以来主要用于拘禁中国公民）和博亚诺集中营，以及莫利塞的奇维泰拉德尔特隆托集中营。不过从1941年起，指定的中国人集中营就逐渐转向了伊索拉德尔格兰萨索，1942年5月16日有116名中国被拘禁的公民从托西恰转至此，全部被拘禁的中国人人数提高到了175名。尽管营内人满为患，但伊索拉德尔格兰萨索的条件要远比博亚诺、奇维泰拉德尔特隆托和托西恰的集中营好很多，那些地方的卫生健康状况差到极点。而在伊索拉德尔格兰萨索，拘禁人员主要是在圣加布里埃尔教堂的客房区域居住，距离伊索拉德尔格兰萨索市中心住宅区只有两公里远。集中营直接由当地市长接管，而警卫配备则是由一位军士指派的几名宪兵负责。1942年5月之后，这里的集中营完全留给中国拘禁人员，这些中国人可以从安东尼奥·张神父那里得到精神援助，他是他们加入了方济各会修道会的同乡，特意从梵蒂冈赶来驻扎在集中营里。张神父是拘禁人员的主要代言人，但这一任务也并非易事。根据一些曾经被拘禁的中国人向本国大使馆寄发的匿名投诉信中所述，主要问题在于，这位虔诚的信徒在他们看来主要的意愿还是最大程度地劝祖国同胞信教。从这一角度看，他的确获得了巨大的成功。

1941年8月4日，教廷大使博尔贡奇尼·杜卡蒙席（Monsignor Borgoncini Duca）到来时，有多达40名中国拘禁人员接受了洗礼。

伊索拉的拘禁人员拥有一定的行动自由，尽管名义上他们禁止踏出

伊索拉德尔格兰萨索的40名中国拘禁人员在圣加布里埃尔教堂内，于1941年8月4日在教廷大使博尔贡奇尼·杜卡蒙席的面前接受洗礼。第二排右数第四人就是安东尼奥·张神父，他受梵蒂冈指派前来为信奉天主教的中国拘禁人员给予精神援助。

来源：圣加布里埃尔教堂受难会修士历史档案（泰拉莫省伊索拉德尔格兰萨索市）

任何集中营范围的地方，如果违反将会有巨额罚款。不论这些小小的"逃跑"行为是否被正式准许，总有人经常违反规定，因为虽然相比起托西恰来说这里的拘禁生活条件并没有那么严苛，但终归缺乏高质量的饮食，缺少厚实的衣物和鞋子来度过岛上那些年的酷寒冬季。1941年的记录上，尤其是从7月意大利与蒋介石政府外交关系即将破裂开始，有超过100名中国人被逮捕拘禁。7月末到9月初，在一系列极为频繁的扫荡行动之后，几乎所有在都灵、的里雅斯特和热那亚的中国人都被监禁起来了。定居都灵的中国人大多是领带、针织品、钱包、肩带和皮带流动商贩，与都灵和米兰的意大利批发商拥有信用良好的合作关系（这两个城

古老的圣加布里埃尔教堂，旁边就是为朝圣者准备的居所（camerone），中国公民就被拘禁在这里。
来源：圣加布里埃尔教堂受难会修士历史档案（泰拉莫省伊索拉德尔格兰萨索市）

市也逐渐涌现出中国批发商）。的里雅斯特和热那亚的中国人则几乎全是海上员工，在的里雅斯特开往东方的线路（如ORIENS号，即劳埃德号前身）、意大利克苏里赫线路和亚得里亚海的汽船上做洗衣工、服务员或海上厨师。绝大多数都被拘禁在了伊索拉德尔格兰萨索，但也有一小部分在热那亚被抓捕的中国人被送到了塔尔西亚的费拉蒙迪集中营，不久之后在博洛尼亚被抓捕的部分中国人也是如此，然后在1942年前后，一些在伊索拉德尔格兰萨索的"不受欢迎"的拘禁人员也被送至费拉蒙迪集中营，因为送到那里暗含了"惩罚"的意味。全部加起来共有五十多名中国公民被送到那里。费拉蒙迪集中营是战争期间意大利建造的最大的犹太人集中营，是少数具有营房形式的营地之一，拥有"经典"的纳粹集中营外形。1940年6月中旬启用，距离科森扎有35公里左右，建在一片疟疾横行的荒野上。根据当时的亲历者所述，那里环境极为不健康，缺少水源，长期暴露在日晒和狂风之下。

拘禁的来龙去脉，主要是从托西恰和伊索拉德尔格兰萨索的公共档案馆保存的文件中再现的，也有部分文件是从国家中央档案馆中找到的，当时涉及了居住在意大利超过60%的中国公民。尽管被拘禁的人员和他们的亲属不停地向内政部投递拘禁撤销申请，但绝大部分约250名中国人还是在集中营中度过了4年的拘禁生活，而且当他们终于能返回米兰自己的居所时，却发现房子都在炸弹袭击中损毁了。很多人甚至不得不逃到难民营、罗马奇尼奇塔电影城和坎帕尼亚的阿韦尔萨市寻求庇护所。1946年，阿韦尔萨的难民营接受了来自全欧洲的中国人，此后这些中国人决定带着自己的欧洲家庭（因为与中国国民通婚而放弃意大利国籍、加入中国籍的妻子和儿女）返回中国。1946年9月21日，奥特兰托汽船从那不勒斯起

米兰华人集体照，1945年双十节时的一张摄影。

来源：特拉布奇·胡氏家族私人收藏（米兰）。

胡仲山于1936年到达意大利时身穿的传统中式服装。
来源：特拉布奇·胡氏家族私人收藏（米兰）。

锚，开往香港，将这些大部分来自德国和意大利的中国人带回祖国，战争与监禁耗尽了他们的希望。同年，新成立的意大利共和国政府为300名左右经受了拘禁、炸弹袭击、财产没收或法西斯欺凌的中国人发放了将近18万里拉的战争补偿（大致相当于一位工人两年的薪水总和）。这个数字在当时十分可观，足够他们在中国重新起步。不过对于很多那些选择回国的人来说，事情却完全向着另一种方向发展了。

◎战后

　　帕特拉尼基金会的这几张照片保存在奇尼塞洛·巴尔萨莫当代摄影博物馆中，拍摄于1945年卡诺尼卡路的庭院、阳台、公寓中，以及社区中意家庭的小手工作坊中。与这些照片同时出现的还有一些在第一代中意家庭成员手中保存的私人档案，他们将珍贵的影像藏品慷慨地展示给柴和马泰奥，帮助他们完成小说图片部分的工作，然后又交给Mudec进行展览，为他们还原一个伤痕累累但已准备好从零起步的国家做出了贡献。选择留在意大利的少数一些人，以及更少的成功回到中国却又再次遇到内战与革命的人们，他们的故事中始终贯穿着牢固的感情联系，他们的家庭、同乡以及同一城市同一社区的人们从未将他们抛弃。而且他们的故事是高度

米兰1962年开办的第一家中餐馆——La Pagoda的大门，曾经位于法比奥·菲莱路2号。
来源：杜岩品家族私人收藏（米兰）。

真实的社会救赎的历史。他们勤勤恳恳日复一日地工作，只能在麻将牌的敲击声中才能化解劳顿，这种休闲游戏为他们提供一段消遣的时光，也是经济再分配的场合与社交闲谈的绝佳机会。20世纪80年代的华人社会再次迎来了向着意大利进发的移民潮流，罗托莱迪基金会（伦巴第大区影像档案馆）用照片记录了这段历史，是二十年前最美好、最精彩的成功故事之一。那时萨尔皮-卡诺尼卡社区的皮包、假皮及革质品生产区域地位更加稳固，中餐产业得到发展，马里奥·陈创造了出奇的创业经历与多彩的人生，企业家代表人物带动社区社团积极发展，还有社团领导如王薛芳、胡锡珍、胡仲山、孙明权等人的共同努力，自然还有杰出的中国与意大利女性（马达莱娜·特拉布奇、伊丽丝·桑乔万尼、安提莉亚·特拉布奇、陈玉华）在身边助他们一臂之力，所有这些都在柴·洛基和马泰奥·德蒙特的珍贵作品中被骄傲地复原呈现。而我们这里提到的名字其实只是很小一部分，还有更多值得我们回忆起的人物，通过这部作品，他们大大小小的故事终于能够讲给成就他们的这座城市听了。

参考书目

《中国移民到欧洲，中国消息来源和欧洲消息来源》（L'émigration chinoise vers l'Europe, sources chinoises et sources européennes），梅特·图诺（Mette Thunø），珀尔修斯杂志（Persée），欧洲国际移民回顾（Revue européenne des migrations internationales），第12卷，第2期，1996年，pp. 275-296

《世纪初期的巴黎华人，城市形象与经济活动》（Les Chinois de Paris depuis le début du siècle. Présence urbaine et activité économiques），Yu Sion Live，珀尔修斯杂志（Persée），欧洲国际移民回顾（Revue européenne des migrations internationales），第8卷，第3期，1992年，pp. 155-173

《终于我学会了汉语》（E finalmente imparerò il cinese），马里奥·张（Mario Tschang），图书之家出版社（CasadeiLibri）

《米兰与1906年森皮奥内国际展会》（Milano e l'esposizione internazionale del Sempione 1906），展览会目录，马雷斯科迪（Marescotti），希梅内斯（Ximenes）编著

《米兰：1906年国际展览会》，拉利奇（Larici）文化协会编

《晚邮报（Corriere della Sera）》历史档案，1926年（3月6日、7日、9日、11日、19日、20日；4月1日、7日、28日；5月7日、10日、11日、26日），1927年6月2日、1962年10月3日

《新闻报（La Stampa）》历史档案，1926年3月5日、13日，1929年8月13日

《奇亚诺的中国：远东法西斯外交》（La Cina di Ciano. La diplomazia fascista in Estremo Oriente），温琴佐·莫奇亚（Vincenzo Moccia），libreriauniversitaria.it

"塔尔西亚的费拉蒙蒂"（Ferramonti di Tarsia），"生命之源"（Sorgente di Vita）节目报道，意大利广播电视公司2台（Rai2）

"阿布鲁佐大区安东尼奥·张神父116名被拘禁的中国人"（La storia di 116 cinesi internati in Abruzzo di padre Antonio Tchang），TV2000电视台

《春秋》及其书目，柴·洛基、马泰奥·德蒙特，贝克加洛出版社（BeccoGiallo），2015年

整个《Chinamen》项目的实现都要特别感谢以下人物的参与

阿提拉·特拉布奇·胡、马里奥·张、罗兰多·姜和阿尔贝塔·姜、杰奎琳·胡和胡克敏、尼科莱塔·卡尔迪纳莱和弗兰克·琴托拉、维托里奥·林、约莱·林和露琪亚那·林，玛利亚·格拉西亚·孙、蒂奇亚娜·吴、切奇利娅·杰斯拉奥、伊塔拉·吴、艾娃·常、伊沃·胡、马尔蒂娜·杨、高龙 、卡尔门·孙、钱伟嘉（音译）、费利切·钱、露琪亚那·吴、瓦伦蒂诺·孙、圭多·奥斯塔内尔、里卡尔多·覃布里尼、比安卡·阿拉维奇亚、约兰达·拉提、克里斯蒂娜·费里皮、费德里科·扎基斯、马尔蒂诺·科法、杜齐奥·塞尔维、Tracataiz组合（皮耶特罗·迪乔治、马努埃莱·拉吉和劳拉·马尔特里）、马克斯·鲁迪·马尼、萨曼莎·佩特罗奇、卢卡·特里亚奇尼、乔万尼·阿洛伊斯、罗贝尔托·波尔戈诺维、恩里卡·奇乌拉兹和阿尔伯托·尼格罗、赵启林（音译）、张曲（音译）、正达·亚历山德罗·蒋（音译）、嘉柳·马泰奥·郑（音译）、劳拉·德纳罗、马努埃拉·曼特佳查和莱奥内·德蒙特（Attilia Trabucchi Hu、Mario Tschang、Rolando和Alberta Jang、Jacqueline和Kemin Hu、Nicoletta Cardinale和Franco Centola、Vittorio、Iole和Luciana Lin、Maria Grazia Sun、Tiziana Wu、Adriana Wu、Cecilia Geslao、Itala Wu、Eva Schang、Ivo Hu、Martina Yang、Daniele Brigadoi Cologna、Carmen Sun、Wei Jia Chin、Felice Chin、Luciana Ou、Valentino Sun、Guido Ostanel、Riccardo Tamburini、Bianca Aravecchia、Iolanda Ratti、Cristina Filippi、Federico Zaghis、Martino Coffa、Duccio Servi、Tracataiz （Pietro Di Giorgio、Manuele Laghi和Laura Martelli）、Max Rudy Magni、Samanta Petrocchi、Luca Triacchini、Giovanni Aloisi、Roberto Borgonovi、Enrica Chiurazzi和Alberto Nigro、Chao Kylin、Chang Qu、Zhengda Alessandro Jiang、Jialiu Matteo Cheng、Laura Denaro、Manuela Mantegazza和Leone Demonte.）。

柴·洛基（Ciaj Rocchi，米兰1976）和马泰奥·德蒙特（Matteo Demonte，米兰1973）是两位视频制作人和漫画作家。他们在贝克加洛（Becco Giallo）出版社出版了图文小说《春秋》，讲述米兰华人群体的起源故事。从2005年起，他们活跃于独立导演、演员、技术人员汇集的GKL Film公司，制作了《大鸟！》（*Uccellacci!*）和《白虎日记》等作品。此外，他们还为《阅读报》（La Lettura，RCS媒体集团）担任插画师。

（京权）图字：01-2019-3208

图书在版编目（CIP）数据

中国人/（意）马泰奥·德蒙特（Matteo Demonte），（意）柴·洛基（Ciaj Rocchi）著；
孙阳雨 译.—北京：民主与建设出版社，2019.6
书名原文：Chinamen
ISBN 978-7-5139-2416-0

Ⅰ.①中… Ⅱ.①马… ②柴…③孙… Ⅲ.①华人—企业家—生平事迹—世界
Ⅳ.①K815.38

中国版本图书馆CIP数据核字（2019）第059090号

中国人
ZHONG GUO REN

出 版 人	李声笑
著　　者	（意）马泰奥·德蒙特（Matteo Demonte）　　（意）柴·洛基（Ciaj Rocchi）
译　　者	孙阳雨
责任编辑	程　旭
封面设计	崔浩原
内文排版	百朗文化
出版发行	民主与建设出版社有限责任公司
电　　话	（010）59417747 59419778
社　　址	北京市海淀区西三环中路10号望海楼E座7层
邮　　编	100142
印　　刷	北京中科印刷有限公司
版　　次	2019年8月第1版
印　　次	2019年8月第1次印刷
开　　本	710毫米×1000毫米　1/16
印　　张	11
字　　数	80千字
书　　号	ISBN 978-7-5139-2416-0
定　　价	56.00元

注：如有印、装质量问题，请与出版社联系。